Julius Hirschberg

Eine Woche in Tunis : Tagebuchblätter

Julius Hirschberg

Eine Woche in Tunis : Tagebuchblätter

ISBN/EAN: 9783744628747

Hergestellt in Europa, USA, Kanada, Australien, Japan

Cover: Foto ©ninafisch / pixelio.de

Weitere Bücher finden Sie auf **www.hansebooks.com**

Eine Woche in Tunis.

Tagebuchblätter

von

J. Hirschberg M. D.
Prof. a. d. Univ. zu Berlin.

Leipzig,
Verlag von Veit & Comp.
1885.

Druck von Metzger & Wittig in Leipzig.

Seiner lieben Frau gewidmet.

Noch niemals hatten wir eine so weite Reise geplant, als 1884 — nämlich nach Tunis. Unsere Absicht war, ein Bild morgenländischen Lebens zu schauen, ehe wir unsere Natur- und Kunststudien da wieder fortsetzten, wo wir 1881 aufgehört, in Unteritalien.

Die Vorbereitungen hatten wir auf das sorgfältigste getroffen. Eine wesentliche Neuerung gegenüber unseren früheren Reisen bestand darin, dass Prof. E., der unseren Plan gebilligt, sich uns angeschlossen.

Die erste Theilstrecke der Fahrt (Berlin—Paris—Marseille) will ich übergehen, da sie genügend bekannt ist, und nur erwähnen, dass wir den directen Dampfschiffsweg (Marseille—La Goulette in 40 Stunden) der französischen transatlantischen Gesellschaft gewählt; bei der französischen Centralisirung aber natürlich Marseille am bequemsten über Paris erreichten; und endlich, weil wir doch einen Ruhetag zwischen Berlin und Tunis einschieben mussten, die Hauptstadt Frankreichs dazu ausersehen hatten, die wir nach sechsjähriger Pause einmal wiedersehen wollten.

Montag, den 10. März 1884, pünktlich um 6 Uhr Nachmittags, fuhren wir von Marseille ab. Das Schiff

(Moïse [1]) ist eines der grösseren; es besitzt ein schönes Oberdeck für die Passagiere der ersten Cajüte; zu ebener Erde, wenn man so sagen dürfte, liegt der geräumige Speisesaal mit gut eingehängten Lampen, Flaschen, Gläsern, einer langen, festen Tafel und bequemen Drehsesseln; ein Stockwerk tiefer befinden sich die Cajüten erster Classe. Ich hatte für mich und meine Frau eine Cajüte mit zwei übereinander befindlichen Betten längs des Schiffsbordes, einem senkrecht dagegen, an der Cajütenwand befindlichen Sopha und mit einer dem letzteren gegenüber liegenden vollständigen Wascheinrichtung. An der Decke hängen vorschriftsmässig die Rettungsgürtel. Allerdings liegt die Cajüte tief und ist deshalb mit einer ungemein dicken, etwa einen Fuss breiten, runden Fensterscheibe, die durch einen sichern und bequemen Mechanismus von innen her geschlossen wird, gegen das Wasser verwahrt.

Die Gesellschaft war für uns Deutsche nicht gerade angenehm. Der Capitain zugeknöpft; der zweite Officier ein fanatischer Militär, der lange in der französischen Armee gedient, zu Lande und zu Wasser, auch im letzten Kriege, und der bei Tische hauptsächlich die Frage erörterte, ob Land- oder Seesoldaten, bez. Matrosen, es besser hätten; der Arzt, offenbar ein alter Chirurgus; der französische Hafencommandant von La Goletta; einige Officiere der französischen Occupationsarmee zu Tunis, von der ein kleiner Nachschub an Bord war.

Wir beschlossen vollständige Zurückhaltung. Behandelt wurden wir kühl, aber nicht schlecht; letzteres

---

[1] Die Stutzuhr in der ersten Cajüte zeigte MICHEL ANGELO's Moses aus Bronze.

vielleicht nur aus dem Grunde, weil man voraussetzte, dass wir uns nichts gefallen lassen würden; denn von der gerühmten *politesse française* gegen Fremde habe ich bisher wenig bemerkt.

Die Enge des von Schiffen dicht gedrängten Hafens von Marseille gebietet eine langsame Ausfahrt, namentlich auch zwischen den beiden Festungen am Hafeneingang. Das Abendessen an Bord, welches recht gut war, verlief in der erwarteten Weise. Erst erhob sich meine Frau; ich brachte sie in die Cajüte und zu Bett und übergab sie der Pflege der sehr verständigen und brauchbaren Aufwärterin. Später verliess auch E. bleichen Antlitzes die Tafel, um eine finstre Ecke des Verdecks aufzusuchen: ich repräsentirte allein Alldeutschland unter den Franzosen. Der zweite Officier hatte neben mir Platz genommen und goss mir Wein ein. Die Unterhaltung war fast null.

Nach Tisch rauchte ich eine meiner 20 Centimes-Cigarren und übte für Tunis mittelst des mitgenommenen Apparates das Cigarettendrehen; wie ich bald lernte, ohne Noth, da dort billige rauchbare Cigarren mindestens ebenso gut wie in Frankreich zu haben sind.

Allmählich wurde ich müde und gab den Plan auf, Nachts den Vollmond zu belauschen. Ich suchte die Cajüte auf und fand mein Frauchen in dem von unseren früheren Meertouren mir genügend bekannten Elend. Immerhin war es etwas Neues für uns, eine Nacht an Schiffsbord auf dem Meere zuzubringen, — für Impressionisten vielleicht ein reicher Stoff merkwürdiger Reflexionen und Empfindungen.

Dienstag den 11. März, Nachts um 2 Uhr erwachte ich, wahrscheinlich durch die dumpfe Schwüle der Cajütenatmosphäre. Der Mond leuchtete so hell durch das kleine Rundfenster, dass ich die Taschenuhr bequem erkennen konnte. Ich vervollständigte rasch meinen Anzug und stieg auf Deck. Der Mond schien geisterhaft. Der Himmel war schön gestirnt, der Wagen fast senkrecht emporgerichtet, der Polarstern so niedrig, wie ich ihn bei uns noch nie gesehen. Allerdings empfinden wir ja erst auf solchen Reisen, wie ferne doch von der Natur unser künstliches Dasein in eingeengter Bahn dahinfliesst.

Das ungeheure Schiff strich bei bewegtem Winde lautlos durch die mondbestrahlten Wellen wie durch Zauberkraft beflügelt; keine Spur von Leben war auf ihm zu merken, keine Laterne auf dem Hintertheil, den ich vom Verdeck aus überschaute, keine Wache sichtbar.

Nach einer Stunde ging ich wieder unter Deck. Meine Frau blieb auch Morgens krank. Prof. E. dispensirt sich vom zweiten Frühstück. Völlige Ruhe herrscht auf dem Verdeck. Das grenzenlose Meer um uns zeigt keine Spur des Lebens ausser uns. Nur zwei Seemöven, die wir schon gestern bemerkt, folgen der Bahn unseres Kiels, als warteten sie auf einen Zufall, der uns ihnen zur Beute gäbe.

Nachmittags, als die sardinische Küste im fernen Osten auftaucht, erscheint E. auf Deck, lässt sein fabelhaftes historisches Wissen anzapfen, bis die Stunde des Mittagsmahles ertönt, an dem er Theil nimmt. Ich lasse, ausser Oliven, Kraut und Thunfisch, kein Gericht vorübergehen und halte mich der Seekrankheit

gegenüber vorläufig für unangreifbar: auch diese Illusion sollte später schwinden, nämlich auf einem schlech-
ten, mangelhaft beladenen italienischen Schiff in dem
stürmischen Golf von Carthago!

Die Franzosen beginnen angenehmer zu werden.
Mein Cigaretten-Revolver ist es, der das Interesse des
Schiffsarztes erregt und eine anständige, höfliche Unter-
haltung einleitet.

Mein Frauchen wird von der sorgsamen Aufwärterin verpflegt, ein schwarzer Kellner (Mischblut, aus
einer der französischen Colonien, mit guter Bildung
und gutem Französisch) schleppt geschäftig alle möglichen Erfrischungen herbei: jedoch nur eine Orange,
ein Stückchen Weissbrot, ein Schluck Thee wird an-
genommen.

Mittwoch, den 12. März um 5¹/₂ Uhr erhob ich
mich, um den Sonnenaufgang und das Erscheinen der
afrikanischen Küste nicht zu versäumen.

Der Mond stand ziemlich niedrig über dem südlichen klaren Horizont, hellgelb mit scharf gezeichneten
schwarzen Flecken. Nichts von dem dunstigen Roth,
das wir an dem tief stehenden Trabanten bei uns so
häufig wahrnehmen. Man bemerkt, wie schon Abends
zuvor, etliche Schiffe in der Nähe von Afrika, während die breite Wasserstrasse im Herzen des Mittel-
meeres am ersten Reisetage fast schiffsleer gewesen.

Inseln tauchen auf, bleiben aber, wie gestern Sar-
dinien, zur Seite liegen. Die flache afrikanische Küste
wird sichtbar, mit einzelnen weissen Ortschaften, die
von ferne wie Friedhöfe aussehen. Meine Frau kommt
an Deck, wie soeben der Sonnenball ohne die vielen

Umstände des nordischen Morgenrothes plötzlich
mit zuckendem Strahl aus dem östlichen Gewässer
emportaucht. Wir haben die ursprünglich südliche
Richtung schon mit der südöstlichen vertauscht. Carthago kommt in Sicht. Der französische Truppen-
Capitain, welcher die Reise schon sechs Mal gemacht,
erklärt uns die Gegend. Wir streiten den alten Streit
über die antiken Dreiruderer; er vertröstet mich auf
Sicilien und — hatte Recht.[1]

Wir ankern angesichts des langgestreckten fabelhaften ehemaligen Seeräubernestes la Goletta (aus
dessen weissen Forts zahlreiche, aber jetzt unbrauch-
bare Kanonenrohre hervorlugen) und zwar eine halbe
Stunde vom Lande entfernt. Inzwischen hat eine wirkliche Piratenbande unser
Schiff geentert. Es ist fast die Scene aus Meyerbeer's
Afrikanerin. Die Leute kommen zu drei bis fünf in
kleinen Booten angefahren; ein Boot sucht das andere
vom Schiff abzudrängen, um selber den Vorsprung zu
haben; sie schreien und gesticuliren; jeder will Passagiere erhaschen. Es ist ein betäubender Lärm. Nichts
hilft. Weder der Schiffscapitain noch der Hafencommandant, der sich bereits mit seiner Dienstmütze be-
kleidet, hat auf meine energischen Reclamationen etwas
anderes als Achselzucken. Mein Handgepäck, aus vier
Stücken bestehend, ist im Nu verschwunden, offenbar
in vier verschiedene Boote vertheilt. „Ist das die fran-

[1] Wirklich sah ich die Abbildung eines Dreiruderers auf einem
antiken Marmorrelief: die drei Ruder sind übereinander, aber dicht
übereinander, so dass die betreffenden drei Ruderer wohl in demselben
Stockwerk des Schiffes, aber auf ansteigender Bank sassen. Auf diese
Weise braucht das höchste Ruder nicht so kolossal lang zu sein.

zösische Ordnung, die Sie hier einrichten wollen?" rufe
ich dem Schiffscapitain zu. „Wir haben hier nichts zu
sagen," erwiedert er; „hier herrscht der Bey; wenden
Sie sich an Ihren Consul."

„Nun so werden wir uns selber helfen," endige
ich, erspähe unter dem Menschengewimmel einen hoch-
gewachsenen, schon recht schwarzen Afrikaner — je
schwärzer, desto zuverlässiger, gilt in dortiger Gegend
— lasse mir sein Boot zeigen, belege es ausschliesslich
für uns und fordere ihn auf (er verstand italienisch),
das entführte Handgepäck sofort wieder zu schaffen.
Noch waren nicht fünf Minuten verstrichen, als er —
sechs Stücke brachte, die vier unserigen, und noch
zwei fremde, die wir in's nächste Boot legen liessen.

Schon gelangten wir an das Ufer, nachdem wir
bereits in unserem kleinen Boote eine hübsche Aus-
wahl von Menschenarten kennen gelernt: den langen
Neger (wohl Mischblut, mit regelmässigen Zügen), einen
nasenlosen Mauren, einen Maltheser, der den Capitano
spielte und uns richtig neun Franken abnahm, während wir auf der Rückreise mitsammt unseren zwei
grossen Koffern für vier Franken vom Lande an Bord
des Dampfers befördert wurden.

Der Hafen von la Goletta, vor dem früher die
Christenheit gezittert[1], ist jetzt in schmählichem Verfall. Die Schiffe müssen eine halbe Stunde vom Lande
entfernt Anker werfen. Nicht weit von dem Anker-
platze ragen drei Masten aus dem Wasser: sie gehören

---

[1] Wer kennt nicht des CERVANTES ergreifende Schilderungen
von den Christensclaven in der Barbarei? Aber sogar GOETHE hat
noch für die Fahrt von Neapel nach Messina ein französisches Schiff
gewählt, weil Frankreich mit den Raubstaaten in Frieden lebte!

einem tunesischen Kriegsschiffe an, das einfach durch-
faulte, so dass die Maschine auf den Meeresboden fiel
und das Schiff augenblicklich sank. Man lässt es eben
so liegen. Der See von Tunis (el Bahira), durch die
Landzunge la Goletta vom Meere getrennt, ist so
seicht geworden, dass kaum die kleinsten Fischerböte
von Goletta nach Tunis Gepäck befördern können,
aber auch der „Hafen" von la Goletta selber, eine Ein-
buchtung des grossen Golfes von Carthago, auf den
Karten als Golf von Tunis bezeichnet, lässt sehr viel
zu wünschen übrig und ist jetzt offenbar, wie das ganze
Hinterland, bedeutend schlechter als vor zwei Jahrtausenden.

Anscheinend will man bessern, man lässt baggern!
Aber wie? Dicht bei dem Ufer stehen acht bis zehn
Menschen bis zum Gürtel im Wasser und heben mit
winzig kleinen Schaufeln langsam je eine Handvoll
Schlamm vom seichten Meeresboden empor auf den
mit Steinen erhöhten Ufersaum: ein Einzelner karrt
das Product ihrer Arbeit ab. Eine von unseren kleinen
Spree-Dampf-Baggermaschinen würde vielleicht in einer
Woche mehr leisten als jene im Jahre.

Am Lande empfingen wir unsere grossen Koffer
im Bureau der französischen Gesellschaft; wir wählten
von den herumlungernden barfüssigen, wenig beklei-
deten Trägern zwei schon recht dunkle „Araber", die
sich aber auch recht faul erwiesen und alle zwei
Minuten die Koffer austauschten, da der eine 70,
der andere nur 30 Kilo wog.[1] Zunächst kamen

---

[1] „Araber" werden die Träger genannt. Jedes Hotel hat seine
„Araber" vor der Thüre, wie bei uns seine „Dienstmänner". Auf der
Rückfahrt fanden wir einen starken Araber, der den nämlichen Weg

wir in eine Scheune, welche die Douane vorstellte.
Der Beamte, ein ruhiger, fast timider Muselmann
mit halbgeschlossenen Lidern (offenbar mit der sogenannten ägyptischen Augenentzündung behaftet),
im Gürtel einen schön ciselirten Dolch, dessen Be-
wunderung ihm sehr zu schmeicheln schien, begnügte
sich uns gegenüber mit den formalen Fragen, während
die armen Einheimischen einer sorgsamen Durch-
suchung unterzogen wurden.

Der weitere Weg führt an der weissen hohen
Festung, die ganz überflüssiger Weise mit altmodischen
eisernen Kanonenröhren gespickt ist, vorbei zu dem
(wahrscheinlich schon uralten) überbrückten Durch-
stich¹ durch die Landzunge, welche den Meeresgolf
von dem Landsee von Tunis scheidet. An der Ueber-
brückung erlebten wir ein kleines ländlich sittliches
Abenteuer. Ein Maure in schäbiger Kleidung, mit
dem Fez auf dem Haupt, und — was in einem so
faulen Lande Achtung einflössen könnte — zur warmen
Mittagszeit mit dem Besen bewaffnet, streckt die Linke
dem vorauseilenden E. bettelnd entgegen; und, da
dieser nicht darauf reagirt, empfängt er mich mit der
gleichen Gebärde; er erhält auch von mir eines der
vorsorglich noch in Marseille eingewechselten 10 Cen-
times-Kupferstücke und dankt mit grinsendem Lächeln.
Ein Klirren macht mich aufmerksam; ich werfe einen
Rückblick auf die Gestalt und entdecke, — dass seine

---

vom Bahnhof la Goletta zum Hafen, etwa 25 Minuten, mit unseren
beiden Koffern (100 kg) auf dem Kopfe anstandslos zurücklegte.
¹ Der Canal heisst Halk-el-Uadi, „Kehle des Flusses", italienisch
la Goletta, d. h. Kehle.

rechte Hand mit dem rechten Fuss durch eine nied-
liche Eisenkette verbunden ist, dass ich also die Bekanntschaft eines der Herren Galeerensträflinge gemacht, deren Aufgabe darin besteht, die Strassen von
la Goletta zu fegen und den Palast des Bey zu reinigen.
Wenn sie letzteres nicht besser machen als ersteres,
so ist der arme Bey zu bedauern. Früher, als der Grundsatz „*l'état c'est moi*" wenn irgendwo in der Regentschaft von Tunis vollste Giltigkeit hatte, mussten nicht
blos die Ministerien und die Armee, sondern auch das
ganze Chor der Galeerensklaven mitwandern, wenn
der Bey seine Residenz aus dem Bardo bei Tunis nach
dem Sommerpalast von la Goletta verlegte.

Auf der Eisenbahnstation von la Goletta das Gepäck nach dem nahen Tunis einschreiben zu lassen
und Fahrbillets zu erhalten, war complicirt und
schwierig. Wir hatten noch überflüssige Zeit und
schlenderten vor dem Abgang des Zuges durch die
nicht sehr belebten Strassen von la Goletta. Die
Stadt liegt am Meere, 18 Kilometer von Tunis, hat
etwa 4000 Einwohner, und ist die Sommerresidenz
des Bey sowie die Sommerfrische und das Haupt-
seebad der Tunesen.

Die Häuser und Strassen in der Nähe des Bahn-
hofs sind nicht so sehr verschieden von den unsrigen.
Zunächst könnte man glauben, ein europäisches, vielleicht süditalienisches, ungenügend gepflastertes Land-
städtchen vor sich zu sehen. Aber die arabischen Inschriften zur Bezeichnung der Strassen; die hier zu
Lande mit strohgeflochtenen Maulkörben versehenen
Kameele, die auf dem Trottoir lagern und mit schmutzigen, leeren, strohgeflochtenen Körben der Befrach-

tung harren; vor allem aber — die Menschen lehren,
dass wir uns nicht in Europa befinden.

Zwar fehlt es nicht an Abendländern. Goletta ist
der Hafen der zweitgrössten Stadt des ungeheuren
afrikanischen Continents. Alle Schiffe, die einlaufen,
sind europäische, hauptsächlich französische und italienische; die Matrosen, die Reisenden sind Europäer.
Man sieht Soldaten aus der französischen Caserne, sowie in den zahlreichen Cafés und Restaurants recht
fragwürdige Gestalten hauptsächlich französischer Ab-
kunft. Uns reichte den Mokka eine kurzgeschorene
Hebe, die gleich darauf, ebenso wie ihre Herrin, eine
Cigarette zu rauchen sich anschickte und deren Vor-
geschichte, trotz ihrer Jugend, vielleicht für den Cri-
minalisten anziehender war als für den Menschenfreund.
Ueberhaupt scheint dies das Unglück des Landes zu
sein, dass die Europäer, die hier die Culturträger sein
sollen, hauptsächlich aus Abenteurern sich recrutiren,
wenn nicht aus schlimmeren; ein Spötter könnte Tunis
eine unfreiwillige Verbrechercolonie Frankreichs nennen.
Zu einer soliden Colonisation hat Frankreich wenig
Geschick; fern von Paris zu sein ist für den Pariser
eine Verbannung, ausserhalb Frankreichs zu leben der
Gipfel des Unglücks.

Allerdings, gegenüber den Afrikanern ist doch
die Zahl der Europäer nur gering in Goletta. In den
frequenteren Strassen beginnt das Gewühl der esel-
treibenden Gemüsehändler, der eselreitenden Juden-
knaben, der unverschleierten Jüdinnen und der träge
caféschlürfenden, beturbanten und befezten Muselmänner. Aber trotz alledem, das farbenprächtige Bild
des tunesischen Lebens, das wir in der Hauptstadt

erblicken sollten, konnten wir hier noch nicht einmal ahnen.

Die kleine Eisenbahn von la Goletta nach Tunis gehört der italienischen Gesellschaft Florio-Rubattino und ist so schlecht verwaltet wie nur möglich. Der Billeteur gab uns Rest aus seinem Portemonnaie; eine Eisenbahnkasse schien nicht zu existiren.[1] Das Billet erster Classe war in englischer Sprache bedruckt. Den Coupés sind hölzerne Galerien vorgebaut, zur Aussicht bequem, aber sehr primitiv. Der Zug war sehr besetzt. Namentlich von Juden, mit ihren buntgeschmückten, eigenartig gekleideten, unverschleierten Frauen; aber auch von Tunesen, z. B. Officieren des Bey, die, wie es scheint, alle gratis befördert werden, und die mit ihren plumpen Ringen an den Fingern sowie mit den grossen (Talmi?) Goldketten an den dicken neusilbernen Uhren einen etwas komischen Eindruck machen, zumal der Fez mit seinem grossen Messing-Stern und die schwarze joppenähnliche Uniform oft zu wünschen übrig lassen.

Die Fahrt geht um den Binnensee el Bahira herum nach Tunis. An all' den kleinen Stationen ist genügend langer Aufenthalt, Aus- und Einsteigen, Ausrufen von Brod und Kuchen, Wasser, Früchten, Fischen.

Die Flamingos, die nach den Beschreibungen das Ufer des Sees beleben sollen[2], waren jetzt und auch

----

[1] Auf weitere Beschwerden komme ich noch später zurück.

[2] HESSE-WARTEGG hat eine schöne Abbildung dazu geliefert, etwa wie der kleine See des Berliner zoologischen Gartens an einem schönen Sommerabend aussieht. Aber auch NACHTIGALL hat noch vor wenigen Jahren hunderte von Flamirgos am Südufer des Sees beobachtet.

fernerhin nicht sichtbar; sie sollen überhaupt schon ziemlich apokryph sein. Das kann nicht Wunder neh- men bei der vollständigen Jagdfreiheit, wo jeder Müssiggänger — und es giebt deren dort mehr als nöthig — tagtäglich, so oft er Munition bezahlen kann, seine lange Flinte überall abknallt, selbst dicht vor den Mauern der Hauptstadt.

Am Bahnhof in Tunis empfing uns der erste Dra- goman des Generalconsuls, ein hübscher, schnurrbärtiger Tunese, in orientalischer Jacke und Fez, Cavaliere ALLELA BEN MUSTAFA, wie ich später auf seiner Visiten- karte las. Er zeigte uns zu seiner Beglaubigung eine Karte des Generalconsuls und brachte uns im Wagen nach dem Hotel. Der Dragoman war stolz darauf, uns im Zuge sofort erkannt zu haben; — es war aber nicht so schwer.[1]

Die ausserordentliche Liebenswürdigkeit, welche der deutsche Generalconsul Herr Dr. NACHTIGALL uns für die ganze Dauer unseres Aufenthaltes angedeihen liess, hatte zunächst im Hotel (Hôtel de Paris, im Frankenviertel von Tunis) merkwürdige Folgen für uns. Wir waren erwartet worden als „personnages

---

[1] Das Finden ist übrigens einträglich für die Dragomans ge- wesen, so lange eben die consulare Gerichtsbarkeit bestand, d. h. bis vor wenigen Wochen. Ein Schwindler, J. S. aus Berlin, war vor Kurzem in Tunis erkannt und verhaftet, die ausgesetzte Belohnung unter die Polizisten des Generalconsuls vertheilt worden. Bald darauf wurde ein anderer Schwindler gesucht, der 50jährige, schiefbeinige, stotternde, einäugige N. S. aus Br. Der Dragoman sagte zum General- consul: „Ich finde ihn gewiss!" und brachte — einen 25jährigen schlanken Vergnügungsreisenden auf's Consulat geschleppt. Es blieb nichts übrig, als dem Herrn — einige liebenswürdige Rathschläge für seinen Aufenthalt in Tunis angedeihen zu lassen.

importants recommandés par le Consul général alle-
mand". Man führte mich und meine Frau in den
ersten Stock, in die Privatwohnung des Directors. Das
Hotel ist nämlich, wie auch das andere (Grand Hôtel,
auf der Marine), in den Besitz einer französischen Aktiengesellschaft übergegangen, — nicht zum
Vortheil der Reisenden! Wir erhielten einen drei-
fenstrigen Salon mit zwei anstossenden Zimmern, den
kurz zuvor Prinz Reuss bewohnt und das Jahr zuvor
Gr. C., der mir gelegentlich in Berlin das betreffende
Hotel empfohlen. Die Möbel waren nach Pariser Art,
die Bezüge etwas zerschlissen, die Tapeten mässig zer-
rissen; die Bilder, welche den Zimmerschmuck dar-
stellten, geradezu schrecklich nach Inhalt und Form.[1]
Da diese Wohnung für uns nur unbequem war und
ich den heimlichen Grimm des Directors, der mit
seiner Frau durch uns aus seinem Heim vertrieben
war, nur zu deutlich merkte, so zog ich Tags darauf
um, in ein gewöhnliches zweifenstriges Zimmer des
ersten Stocks, mit Balcon. Nach einiger Bemühung
wurden wir auch die lästigen Mousseline-Vorhänge vor
den Betten los. Wir mussten 17 frcs. Pension für
Person und Tag zahlen, andere nicht empfohlene
Deutsche 12, die französischen Commis voyageurs
9 frcs., — immer für dasselbe! Dazu wurden wir vom
Oberkellner gleich beim ersten Frühstück noch um
6 frcs. geprellt, wie das „Landesfeinden" gegenüber
in der Ordnung ist.

Wir gingen zum Generalconsul. Es war nicht
weit. Die betreffenden Strassen sehen noch leidlich

---

[1] Z. B. „Der ertappte Bigamist", — wie ich später sah, für einen
halben Francs in Siciliens Trödelbuden feilgeboten.

europäisch aus, — abgesehen von den Menschen. Das
Haus des Generalconsuls ist innen frisch gestrichen;
mit dem deutschen Wappen und der deutschen Inschrift machte es auf uns einen anheimelnden Eindruck. Aber wir gelangten nicht gleich hinein. Der
zweite Dragoman, ein alter Orientale, der, wenn ich
nicht irre, Herrn Dr. NACHTIGALL schon auf seinen
Reisen in's Innere von Afrika begleitet hatte, erwiderte
auf meine Fragen nur: Consul dor, Consul dor, d. h. er
schläft, was in Afrika ebenso viel bedeutet, wie wenn
bei uns der Diener sagt: Ich weiss nicht, ob der Herr
zu Hause ist. Nun, als wir die Karten nach oben ge-
schickt, war der Consul zu Hause und machte sogar
eine Stunde später mit uns eine hübsche Rundfahrt
um Tunis, dessen hohe weisse Ringmauern mit langen
eisernen, jetzt wohl abgedankten Kanonenrohren noch
reich geschmückt sind.

Besonders schön ist die Aussicht auf die weisse
Stadt mit ihren platten Dächern, ihren zahlreichen
niedrigen Kuppeln (Heiligen-Gräbern), den einzelnen
Minarets und den wenigen hohen Palmen von der
Bellavista aus, einem niedrigen Hügel dicht oberhalb
der Stadt, sowie auch von einem hochgelegenen Kirchhof aus.

Der Fahrweg ist übrigens fürchterlich, und Um-
sturz des Wagens ist nicht so selten, namentlich wenn
der Kutscher ein Franke, d. h. ein Trinker. Hier zeigt
sich ferner, dass Halbcultur fast schlimmer als Un-
cultur. Früher, ehe es Kunststrassen in Tunis gab,
fuhr man, wenn im Frühjahr eine Wegstrecke unpassir-
bar geworden, einfach um dieselbe herum; und sehr
bald war ein neuer genügender Landweg ausgefahren.

Jetzt sind Chausseen angelegt, aber zu ihrer Unterhaltung geschieht gar nichts, und das Passiren der schad-
haften Strecken ist dadurch viel schwieriger geworden.
Wir lernten auch gleich die Erdhöhlen kennen, in
denen ausserhalb der Mauern die Wächter wohnen.
Es sind dies Marokkaner, die, allein zu diesem Posten
brauchbar, das förmliche Privileg darauf haben. Die
Bewachung geschieht wegen der städtischen Douane
und ist sehr streng; namentlich wird auf Tabak ge-
fahndet. Im arabischen Hospital fand ich später einen
Tunesen, der beim Tabakschmuggeln einen Schrot-
schuss in die Brust erhalten.[1]

. Die Rückfahrt durch die abendlich belebte Stadt
bot ein äusserst fesselndes Bild: die zahlreichen Buden
offen, dürftig mit kleinen Lämpchen erhellt; überall
Tunesen auf Teppichen und Matten hockend, Kaffee
schlürfend, rauchend, hie und da einem Märchenerzähler
lauschend; die Ziegenheerden heimwärts kehrend, um
die Nacht in den weiten Räumen zuzubringen, die
innerhalb der ausgedehnten Ringmauern unbebaut geblieben.

Im Gegensatz zu diesem echt orientalischen Bilde
war das Mittagessen im Hotel vollkommen europäisch;
zahlreiche Gänge, die man auch in einem mittelmässi-
gen Hotel Frankreichs oder Italiens ganz ebenso hätte
haben können; nichts Charakteristisches, nicht einmal
Ausnutzung der herrlichen Gemüse und Früchte, die

---

[1] Uns amüsirte die Strenge der Douane. Bei einer nächsten
Gelegenheit wies ich unser HoEVELL'sches Chokoladenkörbchen den
Wächtern, die mit langen eisernen Prüfstangen an den Wagen heran-
traten und, den Scherz nicht merkend, die Köpfe schüttelten.

hier alle schon reif waren.[1] Das Fleisch ist schlecht
in Afrika, wie ich schon vorher gehört; übrigens war,
in Folge einer kürzlich beendigten Seuche, der Horn-
viehbestand in Tunis ziemlich gering. Die Einheimischen kaufen auf dem Markt das Fleisch, hauptsächlich
der Schöpse, in lächerlich winzigen Streifen von
Daumenbreite. Die Gesellschaft an der gemeinschaftlichen Tafel
zeigte die folgenden Elemente: 1) Französische Ober-
officiere, die an kleinen Tischen, zum Theil mit ihren
Frauen, speisten, und wohl meist nicht im Hotel wohn-
ten. 2) Französische Commis voyageurs, eine fürchter-
liche Menschensorte; ihr Schmatzen, Kauen und ihre
sonstigen Manieren rechtfertigen schon den Namen
Tiger, der ihnen im Jargon zukommt. 3) Einige besser
situirte Franzosen, vielleicht Beamte oder Kaufleute,
gewiss nur wenige Vergnügungsreisende. 4) Einige
Engländer, z. Th. emeritirte Oberste, mit der Lectüre
von Army and Naval Gazette beschäftigt in den
Zwischenpausen, in denen sie ihre Teller nicht thurm-
hoch bepacken konnten. 5) Einige Deutsche, die zu
ihrem Vergnügen reisten, wie die später zu erwähnen-
den Herren F. und v. S. Uebrigens wechselte die Gesellschaft von Tag zu Tag in erheblichem Grade. Sehr
viele stiegen im Hotel nur für einen Tag ab, um am
folgenden wieder in das Innere der Regentschaft zu
verschwinden. So war es übrigens auch mit einem

---

[1] Z. B. sahen wir auf den Strassen die schönsten frischen Kartoffeln; aber nie wurden sie uns im Hotel gereicht, höchstens ein
Paar Streifchen gebackner. Erst als wir später die Bekanntschaft des
deutschen Arztes Dr. Kunitz gemacht, konnten wir uns bei seiner Frau
zu Abend Pellkartoffeln mit Butter bestellen.

blutjungen, etwa 18jährigen Deutschen, der vom Oberkellner uns zugeführt wurde, da er kein Wort französisch verstand, und der nicht an der gemeinschaftlichen Tafel erscheinen, sondern ein Beefsteak auf seinem Zimmer nehmen wollte, angeblich wegen Magen-
beschwerden, wahrscheinlich aber, weil er seinem Herrn
in Deutschland einen aliquoten Theil des Vermögens
entfremdet hatte und Entdeckung fürchtete.

Wunderbar war die Frescomalerei der Wände des
Speisesaals; namentlich der Hintergrund von einer
Scene des Cinque cento eingenommen, in der Manier
von Paolo Veronese, aber nicht in seinem Stile gehalten: Sänger, Lautenschläger, Würfelspieler, sitzend,
halb und ganz liegend, fast jeder Mann von ein bis
zwei höchst beglückenden Weibern caressirt, — ein
wahrhaft goldenes Zeitalter.

Nach dem späten Mittagessen schlenderten wir
durch die Hauptstrassen des Frankenviertels, namentlich durch die breite Seestrasse (Marina), wo Café an
Café sich drängt; eines, wo die Honoratioren der europäischen Colonie einschliesslich der französischen Officiere verkehren, Café du Cercle; eines für die Griechen, Café del Paradiso, wo wir zuerst arabischen
Kaffee kennen lernten und — Bier in Afrika. Letzteres
war auch danach! Der arabische Kaffee wird folgender-
massen bereitet: In ein kleines, tassenähnliches Blech-
gefäss an langem Stiel wird gepulverter Kaffee und
Zucker gethan und Wasser zugefüllt; der Inhalt über
Kohlenfeuer einmal zum Aufsieden gebracht und heiss
sofort in eine kleine Tasse gegossen. Die echt tunesische Form der letzteren ist ähnlich einem doppelten
Eierbecher aus Porzellan, ohne Henkel. Man wartet,

bis der Grund sich gesetzt, und schlürft den braunen, süssen Trank, der in diesen Gegenden gewiss recht gesund ist, dabei sehr billig, und jedenfalls ausserhalb des Hotels fast das Einzige darstellte, was wir in einem öffentlichen Locale nehmen konnten.

Donnerstag, den 13. März. Den ersten Theil der Nacht währte der europäische Lärm, das Fiedeln und Tanzen in den zahlreichen Tingeltangels unserer Hauptstrasse des Frankenviertels, sowie das Geschrei der nächtlichen Schwärmer; nicht lange nach Mitternacht, etwa um 2 oder 3 Uhr, wurde er von dem morgenländischen Lärm abgelöst, nämlich von dem eigenthümlich klagenden Gesang der Hirten, Kameeltreiber, Gemüsehändler. Unser Hotel hatte in dieser Hinsicht eine ausgezeichnete Lage; doch der Mensch gewöhnt sich ja an alles; schon in der folgenden Nacht schliefen wir vortrefflich.

Ich stand früh auf und hatte somit Gelegenheit, die Milchversorgung von Tunis kennen zu lernen. Auf unserem Trottoir, dicht bei dem Hotel, hockte ein Hirte mit zwei bis drei Dutzend kleiner, schwarzer, wenig Milch gebender Ziegen, um auf Kunden zu warten. Aus dem Hotel wird ein grosser Glashumpen gebracht, in den er hineinmelkt. Einheimische, eines Morgentranks bedürftig, treten heran. Der Hirt nimmt einen henkellosen, schon etwas defecten Topf; greift eine Ziege, nach Bedürfniss auch eine zweite, und melkt in den Topf hinein. Nachdem der Kunde getrunken und ein Kupferstück bezahlt, spuckt er aus, — natürlich auf die Erde. Ein anderer tritt an seine Stelle und trinkt aus dem nämlichen Topf, an

dessen Reinigung Niemand von den Betheiligten zu
denken scheint. Tunis ist charakterisirt durch die Abwesenheit
aller hygienischen Massregeln und jeglicher Ord-
nungspolizei. Jeder thut das, was ihm gut scheint, und
wird darin, bei der Gutmüthigkeit der Bevölkerung, von
den anderen nicht leicht gehindert. Es ist hier ein
merkwürdiges Beispiel gegeben, wie es in einer Stadt
von 135 000 Einwohnern sozusagen ohne Polizei
geht. Es geht übrigens soweit ganz gut, weit besser, als
es unter ähnlichen Verhältnissen bei uns gehen würde,
wo einerseits die Streitlust der Bevölkerung entschieden grösser und andererseits der Anspruch an die Vorsehung der Behörden weit mehr entwickelt ist.

Natürlich geben sich aber durch das Fehlen aller
hygienischen Massregeln sehr beklagenswerthe Uebel-
stände kund. Die Verheerungen, welche die Pocken
anrichten, müssen sehr beträchtlich sein, nach dem,
was man von Pockennarben und Pockenblindheit schon
auf der Strasse sieht. Ebenso scheinen andere Seuchen
recht verbreitet zu sein; die Zahl der Nasenlosen auf
den Strassen ist nicht unbeträchtlich. Endlich wüthet
die sogenannte ägyptische Augenentzündung ganz
fürchterlich; auf der Strasse scheint fast jeder zehnte
Mensch damit behaftet, was man schon an der starken Schwellung der nicht gehörig zu öffnenden Lider
und der Röthung der Thränencarunkel erkennt; ebenso
gross ist die Zahl der Einäugigen; und die Zahl der
ganz Blinden, die in den engen Strassen mit dem Stab
ihren Weg tasten und zudringlich betteln, ist noch
ganz erheblich grösser als in Unteritalien. Es ist wenig

Aussicht, dies bald zu bessern. Wir kommen darauf noch zurück.

Von dem Aerztemangel und dem Misstrauen gegen Operation zeugt auch die Zahl der Schielenden, die in Tunis so gross ist, wie ich sie nie zuvor gesehen. Die Strassen sind buchstäblich mit Schielenden besät. Sieht man sich am Seethorplatz im Gedränge um, so ist es leicht, in jedem Dutzend ein bis zwei Fälle von Einwärtsschielen zu entdecken.

Auf dem Fusssteig, dicht bei unserem Hotel, lagern Kameele mit ihren Treibern, meist hohen Gestalten im groben, weissen Burnus, der auch den Kopf bedeckt und hier durch ein schwarzes Band oder einen schmalen Turban befestigt wird. Es ist dies die Kleidung der Beduinen, nur weniger elegant, als wir sie aus den bildlichen Darstellungen kennen, die unsere Maler uns von den Wüstensöhnen liefern. Auch fehlt der reiche Waffenschmuck, obwohl immerhin einige von denen, welche die Strasse passiren, die lange Flinte führen, wie der Europäer den Spazierstock.

Neben den Kameelen hockt ein Neger, der in einem Beutel eine Menge kleiner Schlangen hält (wohl nur unschuldige Blindschleichen), sowie ein zahlungsfähiger Mensch in seine Nähe kommt, sich dieselben knäuelartig um den Hals legt, mit der linken auf eine Handtrommel schlägt und die letztere sofort als Sammelteller vorstreckt: die Ernte an Kupfermünzen ist sehr gering.

Weiterhin sind, ebenfalls auf der Strasse, zahlreiche Kleinkrämer und Handwerker etablirt, allenfalls auch in budenähnlichen Räumen an den Häusern oder innerhalb der letzteren in scheunenähnlichen, die fast wie

dien eapolitanischen Bassi aussehen. Da werden Arti-
schocken, Kartoffeln (nach Gewicht), Orangen feilgeboten.
Da wird eine landesübliche Gemüsesuppe hergestellt,
kleine Kuchen in Oel gebraten, winzige Fleischstückchen
roh oder gekocht an den Mann gebracht. Auf dem
Erdboden an der höchst unappetitlichen Fleischbude
liegt der obligate Hammelkopf.

Da sind ferner zahlreiche Schuster beschäftigt.
Schuhe werden fabricirt, wie im Kindersprichwort die
Kanonen: man nimmt ein Loch und macht Leder
herum. In der That, ganz unbeschreibliche, vollstän-
dig zerrissene Schlapppantoffeln werden mit rührender
Geduld geflickt, winzige alte Lederstückchen mit gro-
ben Stichen auf Ober- wie Unterleder befestigt, bis
endlich etwas schuhähnliches wieder herauskommt.
Da sitzt in einer Bude ein Händler, der Bindfaden und
Schwefelhölzer verkauft, auch ein paar Lichte, ein
Dutzend Cigaretten und etwas Tabak feilbietet.

Die Cigarrette scheint auch für den Aermsten
unentbehrlich zu sein; sie ist billig und wohl nicht
schlecht; selbst der halbnackte Lastträger hat eine
Cigarrette hinters Ohr gesteckt.

Hinter dem Ohr (wie bei uns die Schreibfeder)
trägt auch der feiner Gekleidete (Maure wie Jude) seine
Blume.

Knopflöcher und Taschen fehlen in der Kleidung.
Wer ein Taschentuch besitzt, trägt es in der Hand
oder im Rockärmel. Portemonnaies werden wenig ge-
braucht; und der Gemüsehändler verliert nicht selten
seine Kupfermünzen aus dem Gürtel oder aus der
Schwinge seines Karrens.

Gegenüber dem Hotel ist der Eingang zum Gemüsemarkt, flankirt von einer kolossalen Mistpfütze,
die den Europäern, Männern wie Frauen, welche mit
den Einheimischen um die Wette sich hineindrängen,
gewiss sehr unangenehm ist. Der Eingang ist ganz
schmal, so dass die Kameele und Esel, die auf den
weiten Hof getrieben werden, sich kaum hindurch zu
zwängen vermögen. Dazu stehen noch einige Fisch-
händler vor dem Eingang und warten, wie es scheint,
hauptsächlich auf hebräische Kunden. In dem finsteren
Eingange sitzen in Nischen fast regungslos einige
Schreiber, wahrscheinlich zur Zollcontrole gehörig. Bei
uns sieht man einen einzelnen Menschen den Markt-
zoll (resp. das Stättegeld) erheben. In Tunis ist eine
unglaubliche Zahl einheimischer, schlechtgekleideter
Beamten nothwendig, um den Verkäufern die paar
Kupfermünzen für den Bey abzujagen.[1] Mit lautem
Geschrei wird ein jeder Verkäufer aufgerufen, seine
Orangen, Fenchel, Zwiebeln, die schönen Kartoffeln
und saftigen Möhren gemustert, sein Name in ein Buch
geschrieben und ihm ein Zettel eingehändigt, den er
wahrscheinlich beim Ausgang in dem Engpass mit
einem Theile des gelösten Geldes zu bezahlen hat.
Der Ausrufer ist ein grosser einäugiger und heiserer
Kerl; der Chef der Bande trägt eine Art von zerschlis-
sener Uniform und thut sehr vornehm; der Schreiber
hat im Gürtel ein kleines Tintenfass befestigt und benutzt zum Schreiben einen zugespitzten Holzspahn.
Die Schrift ist sehr langsam, aber zierlich. Im Addi-

---

[1] Es soll die Steuer aber bis 50 pc. des Werthes betragen, --
ein wirkliches Raubsystem.

ren scheinen die Tunesen geübter zu sein als viele
italienische Bahnbeamte. Von der gerühmten Gravität der Muselmänner
merkt man nichts auf dem Gemüsemarkte, ebenso
wenig wie später in den Bazars. Der Gutgekleidete
wird fortwährend von den Verkäufern angerufen, ebenso
von kleinen halbnackten Knaben, die schmutzige Stroh-
körbe tragen und für eine Kupfermünze das Einge-
kaufte nach Hause befördern wollen.

Inzwischen war die Zeit des Frühstücks gekommen. Um 9 Uhr, nachdem wir unsere Chokolade
mit Weissbrod im Hotel genommen, erschien der
Führer David, von Dr. B., den er das Jahr zuvor
bedient, uns bestens empfohlen. David ist ein kränk-
lich aussehender Mensch, noch jung, schon verhei-
rathet und Vater von zwei Kindern, in einem mässig
schmutzigen Tuchüberzieher, Tuchhosen und Stiefeln
leidlich europäisch gekleidet, natürlich den rothen Fez
auf dem Haupte. Alle Führer in Tunis sind Juden,
da sie allein genügend französisch und arabisch sprechen, um den Fremden durch die gewundenen Gassen zu
leiten und ihm die nöthige Erklärung zu geben. Hauptsächlich wegen der Sprache sind die Führer unentbehrlich; denn die meisten Tunesen verstehen nur arabisch. Das Strassengewirr ist ja allerdings recht arg,
aber doch nicht so unauflösbar: nach drei Tagen ging
ich allein.

David ist ein ziemlich anständiger Mensch, nicht
aufdringlich, aber träge, wie ein echter Orientale. Schon
nach zwei Stunden gewöhnlichen Gehens sagte er uns,
dass wir müde seien und frühstücken müssten; er
führte uns in's Hotel zurück, um uns Nachmittags

3 Uhr wieder für zwei Stunden Wegs abzuholen. Als
er drei Tage lang seine Bezahlung von je fünf Franken
nebst einem Franken Trinkgeld empfangen, meldete er
sich am vierten Tage krank. Wahrscheinlich hatte er
vorläufig genug, und wir brauchten ihn auch nicht mehr.

Es ist jetzt an der Zeit, im Zusammenhang,
indem ich die Beobachtungen des heutigen und der folgenden Tage zusammenfasse, ein paar Worte über
die Tunesen und über Tunis zu sagen, damit ich
nicht zu steten Wiederholungen genöthigt werde.

Zunächst möchte ich behaupten, dass es für den
gewöhnlichen Beobachter fast unmöglich ist, in diesem
Völkergewirre sich zurecht zu finden; hierin liegt der
eigenthümliche Reiz des Fremdartigen, der den Europäer fesselt und ihn für die Unbilden der Reise und
des Aufenthalts in Tunis entschädigt.

Allerdings reichen meine ethnographischen Kenntnisse nicht weit und in den paar Schriften[1] über Tunis
fand ich nur spärliche Belehrung.

---

[1] Spanien, Algerien, Tunis von P. DE TCHIHATCHEF, Leipzig,
TH. GRIEBEN. 1882. — Tunis, Land und Leute. Von E. V. HESSE-
WARTEGG. Wien, HARTLEBEN. 1882. — Vgl. ferner: Das römische
Afrika von L. FRIEDLÄNDER. Deutsche Rundschau XXXIV., und
Tunis von NACHTIGALL. Ibidem XXVII. (Schluss leider noch nicht
erschienen.) Endlich Afrika von R. HARTMANN, Leipzig. 1879. —
Klassisch, wiewohl heute nicht mehr ganz actuell, sind die beiden
Werke von MALTZAHN: Sittenbilder von Tunis und Algerien. Leip-
zig, DYK'sche Buchhandlung. 1869; Reise in den Regentschaften
Tunis und Tripolis. Leipzig 1870. — La Tunesie et la Tripolitaine
von GABRIEL CHARMES (Paris, CALMANN LEVY. 1883) enthält nur chau-
vinistische Declamationen, nicht aber eine belehrende Darstellung der
thatsächlichen Verhältnisse. Uebrigens habe ich alle diese Werke (mit
Ausnahme von HESSE-WARTEGG) erst nachträglich gelesen, nachdem
ich die anspruchslose Beschreibung meiner eigenen Erlebnisse bereits
fertiggestellt hatte.

Die hellfarbigen Urbewohner der nordwest-
lichen Küstenländer von Afrika gehören einem
Volks- und Sprachstamme an. Sie wurden von den
alten Aegyptern Libu Tamhu genannt und blondhaarig
auf den Denkmälern der Ramassiden dargestellt; und
auch von den Griechen als L i b y e r bezeichnet, im Gegensatz zu den Aethiopiern (Negern). Die Phönicier grün-
deten früh Colonien in diesem Gebiete. Carthago gewann
die Oberherrschaft. Man spricht von Liby-phönicischen
Völkerschaften. Die nordafrikanischen Bauern nannten
sich selber Kanaaniter, noch in der christlichen Zeit.
Die Urbewohner, die östlich von Carthago hausten,
wurden von den Römern Numider (Nomaden) genannt,
die westlichen Mauren (Maurusier). Es ist schwer zu
ermitteln, wie weit sie ausser den carthagischen
noch griechische, römische, vandalische, byzantinische
Elemente in sich aufnahmen. Von den a r a b i s c h e n Er-
oberern (im 7. Jahre n. Chr.) wurden die Ureinwohner
als Berbern ¹ oder als Quabail (Stämme, gentes, Kabylen) bezeichnet. Sie selber nennen sich Amazig
oder Amaschek. Vor den überfluthenden arabischen
Horden zogen sie sich in die Berge zurück, nahmen
aber doch mohamedanische Religion und zum Theil
auch die Sitten der Araber an. Heutzutage benutzen
sie ihre Ursprache sehr wenig, sie sprechen arabische Dialecte (Machreb).² Im 16. Jahrhundert be-
mächtigten sich die T ü r k e n des Gebiets, in das also
auch Osmanen (Tataren), Tscherkessen (Westkaukasier)

---

¹ Der Name findet sich noch heute weiter östlich in Berber,
Berbera, Berabra. (Vgl. HARTMANN, S. 38.)

² Als Machroeb, Occident, wird überhaupt von den Arabern
Nordwestafrika bezeichnet.

und mit den Janitscharen alle möglichen Stämme gelangten. Seitdem wurden die Raubstaaten (Algier, Tunis, Tripolis) von den Europäern als Barbarei bezeichnet. Morisken[1] heissen die aus Spanien durch Ferdinand den Katholischen und Philipp II. vertriebenen Araber, die nach Nordafrika zurückkehrten und aus Rache sich am Seeraub gegen die Christen betheiligten. In Tunis werden sie als Andalos bezeichnet. In Tunis sind die Unterschiede zwischen den Kabylen Chrumirs oder Chomirs) einerseits und den arabischen Beduinen nicht so bedeutend wie in Algier. Jedoch sind die letzteren dunkeläugig; unter den ersteren kommen auch helläugige vor. Nach MALTZAHN ist in der Regentschaft, sogar auch in den Städten, das berberische Element weit grösser als man nach den Aeusserungen der Leute, die sich Araber nennen, annehmen sollte. Die Stadtaraber, mit den Andalos gemengt, sind die eigentlichen Bewohner der Stadt Tunis oder Tunessi.

Was ich selber in Tunis gesehen, ist kurz das Folgende: Einige Menschensorten sind ganz klar. Da sind Sudan-Neger mit platter Nase und krausem Wollhaar, wie wir einen in dem Schlangenbändiger kennen gelernt. Im ganzen sind sie nicht zahlreich, auch meist in untergeordneter Stellung, aber offenbar nicht wegen ihrer Hautfarbe so verachtet, wie von den in dieser Hinsicht so ungebildeten Europäern dies- und jenseits des Oceans. Hie und da sieht man auch einen reichen Neger in der schönen phantastischen

---

[1] Mohr (aus Maurus) ist der volksthümliche, aber irrige Name für Neger. Othello war gewiss nicht ein Neger!

Tracht der Tunesen. Am Seethor hocken einige
Negerinnen, ältliche Personen von unbeschreiblicher
Hässlichkeit, unverschleiert, und bieten grosse runde
Schwarzbrote feil. Dies Geschäft[1] scheint ihnen fast
gänzlich überlassen zu sein. Die Liebe zu geschmack-
losem Putz ist auch[1] bei diesen hockenden Negerinnen
stark entwickelt: sie tragen blaue Glasperlen um den
Hals, grosse Kupferringe an den Fingern und Ohren
und hüllen ihren Leib in Tücher, die mit grellen
Farben gestreift sind. Einen riesengrossen fetten Neger,
der ein grosses spanisches Rohr und am Finger einen
kolossalen Silberring trug, lernte ich als Obereunuchen
eines Generals kennen.

Ausser diesen schwarzen giebt es schönbraune
Menschen, von leidlich regelmässigen Gesichtszügen,
aber zum Theil auch mit platter Nase. Die schönsten
Exemplare sah ich als Schildwachen im Palast des Bey,
ruhig wie Statuen, in der Hand die alte Percussions-
flinte[2]; auf dem geschorenen Haupt den Fez mit
dem plumpen Messingstern des Bey; auf dem Leib
eine kurze dunkle Jacke. Hosen und Stiefel vollenden
die Equipirung. Barfussige Soldaten, von denen HESSE-
WARTEGG spricht, habe ich nicht gesehen; ebenso wenig
sah ich sie betteln oder auf der Wache stricken. Der
Säbel ist plump und ungeschickt, etwa wie der Blech-
säbel unseres Kinderspielzeugs. Die Officiere tragen
eine schwarze Tuchuniform mit schwarzen Schnüren.

---

[1] Früher war es gefahrlich. Wenn der umherreitende Chef der
Marktpolizei der Ansicht war, dass das Brot nicht vollwichtig sei, liess
er es augenblicklich confisciren und dem Verkäufer eine wohlgezählte
Tracht Schläge auf die nackten Fusssohlen verabreichen.

[2] Der Kriegsminister ist ein Franzose und liefert ihnen keine
Hinterlader.

Die höheren Schichten der tunesischen Gesellschaft bestehen aus Türken und Tscherkessen. CHAIREDDIN, der spätere Grossvezir der hohen Pforte, ein Patriot, der Tunis den Tunesen erobern wollte, der sich zum Marineminister emporarbeitete und zum Schwiegersohn des berüchtigten und allmächtigen „Schatzmeisters" MUSTAPHA CHASNADAR, war ursprünglich ein tscherkessischer Mameluk. Wir lernten CHAIREDDIN's Schwäger kennen, nicht sehr grosse Gestalten, mit gelblichem, nicht übel geformtem Gesicht, das von dem kaukasischen Typus¹ nicht wesentlich abwich, mit starkem Schnurrbart, gefälligen Manieren und sehr gutem Französisch. Sie könnten bei uns passiren, wenngleich ein Divisionsgeneral — diesen Posten bekleidete der eine — bei uns martialischer auszusehen pflegt.

Die mittleren Classen der tunesischen Städter (Mauren) sieht man in den Bazars als Kaufleute. Dieselben sind von heller (weisser oder weissgelber) Gesichtsfarbe, oft mit der stark entwickelten Adlernase der Semiten versehen, von mittlerer Grösse, schwarzäugig, mit schwarzem, meist kurzgeschorenem Vollbart. Die Kleidung ist hell. Ein gelblicher Turban umwindet den Fez auf dem geschorenen Haupt. Eine kurze Jacke sitzt über dem weissen Hemd. Ein weiter Gürtel umgiebt den Leib. Nicht selten wird auch ein heller Mantel oder Burnus umgeworfen. Die Pumphosen sind hell, die Strümpfe blendend weiss. Schwarze oder gelbe Pantoffel bedecken die Füsse.

---

¹ Aber wie ist der Stammbaum? Mütterlicherseits der Grossvater ein Türke, die Grossmutter eine geraubte Italienerin; der Vater ein griechischer Renegat!

Wegen dieser Pantoffeln ist der Gang etwas wat-
schelnd und langsam. Sie haben aber gewiss keine
Eile und finden es würdevoll, langsam zu gehen. Sie
sitzen auch schlecht zu Pferde, in einen hohen Sattel
eingezwängt und vornübergeneigt.

Der Prachtanzug besteht aus einer Art von weitem
Schlafrock von dünnem meist braunem Wollenzeug
mit grüner Borde. Ganz arme Leute, z. B. Fischer
und Lastträger, gehen barfuss, in kurzen Hosen, einen
kurzen Burnus aus grobem schwarzem Zeug über die
Schulter gehängt, so dass die Kapuze den Kopf deckt.
Die Verzierung des Gewandes ist grob aber eigenartig; mitunter sieht man selbst die alt-carthagischen
Fische darauf. Es soll dies die Berber-Kleidung sein.

Die Landbewohner, die auch hordenweise unter
Zelten lebend ausserhalb der Stadtmauer zu sehen
waren, sind meist länger und schlanker als die Städter,
von etwas dunklerer Gesichtsfarbe, oft mit starker
Adlernase. Sie tragen die gewöhnliche Beduinen-
kleidung, einen langen weiten Burnus, dessen Kapuze
mützenartig auf dem Kopf liegt und mit einem schwarzen Band befestigt ist.

Es ist schwer zu ermitteln, wie viel auf nordafri-
kanische Ureinwohner, wie viel auf eingewanderte
Araber zu beziehen ist.

Einen wirklichen Berber (Chrumir), und zwar den-
jenigen, welcher den Krieg mit den Franzosen zuerst
angefacht, sah ich im arabischen Hospital. Er war
ziemlich hell. Unter den Berbern sollen (durch die
Vermischung mit den Vandalen) mehr helläugige vorkommen als unter den arabischen Beduinen.

Die Juden, welche in der Stadt Tunis ein Drittel
der Bevölkerung ausmachen, gehen ähnlich gekleidet,
wie die Mohamedaner: nur sind Turban, Jacke und
weite Pumphosen aus dunkelblauem Tuch. Die Kleidung macht einen recht stattlichen Eindruck, zumal
die Leute gut gewachsen, von regelmässigen Gesichtszügen, hellfarbig und nicht selten mit kräftigem Vollbart
geziert sind.

Die jungen Juden, die wir auf dem Hochzeits-
feste sahen, im langen talarähnlichen braungrünen
Prachtgewande, den Fez auf dem Haupt, Lackstiefel-
chen über den weissen Strümpfen, mit hellen Gesichtszügen, angenehmer Nase sowie gutgepflegtem schwarzem Schnurrbart — könnten bei mehr europäischer
Kleidung im Thiergarten passiren.

Vollends die Judenweiber, die wir dort sahen, mit
rothen Backen und hellem Teint, vielfach mit hell-
braunen und selbst blauen Augen, und mit Gesichts·
zügen, die von den kaukasischen wenig abweichen.
Nur die künstliche Färbung des Gesichts — ein brauner
Strich verbindet die beiden Augenbrauen, wie auch
die Fingerspitzen braun gefärbt sind — ferner die
monströse Fettleibigkeit und endlich die Kleidung war
sehr abweichend und eigenartig. Das eigentliche Ge-
wand reicht kaum bis zu den Knien, die Beine sind in
eng anliegende Hosen eingezwängt, den Kopf überragt eine hohe pyramidenförmige Mütze, das Gesicht
ist unverschleiert. Den Schönen steht alles, dies ist
eine alte, hier wieder neu bestätigte Erfahrung. Aber
bei fetten alten Matronen sieht die Tracht recht garstig
aus. Uebrigens scheint TSCHICHATCHEFF doch nicht ganz
exact zu sein, wenn er diese in einem mohamedanischen

Lande ja geradezu verblüffende Tracht für die allgemeine der Tunesinnen überhaupt erklärt; s o g e h e n
d i e s e nur im H a u s e: draussen wird das mächtige
vom Kopf bis zu den Füssen reichende Umschlagtuch
und der schwarze Gesichtsschleier angelegt.

Wie die gutsituirten Maurinnen gekleidet sind,
hat HESSE-WARTEGG beschrieben. Gesehen haben wir
keine einzige, wohl aber in den Bazars ihre Klei-
dungs- und Schmuckgegenstände, einschliesslich der
grossen schwarzen Tücher, mit denen sie ihr Gesicht
verhüllen, der zierlich geschnitzten hohen Holzsandalen
und der silbernen steigbügelähnlichen Spangen, die sie
an den Füssen tragen, um „beim Gehen Musik zu
machen". Die Frauen zeigen sich eben nicht den
Fremden. So liebenswürdig auch die Tunesen uns
entgegenkamen, namentlich wenn wir Herrn Dr. NACH-
TIGALL's Karte zeigten, — jeder Garten in Marsa, Manuba, Hamamenliff war und blieb uns verschlossen,
„wenn die Damen promenirten" oder überhaupt im
Hause waren.

Die vornehme Maurin lebt nur in ihrem Haus und
Garten und sieht von Männern allein ihren Gatten und
ihre allernächsten Anverwandten.

Verlässt sie das Haus, so geschieht es im Wagen,
dessen Fenster mit hölzernen Jalousien (der Name
ist hier recht passend!) dicht verschlossen wird. Jede
Droschke hat sogar dunkelrothseidene, undurchsichtige
Vorhänge für weibliche Passagiere. Offenbar werden
die Maurinnen unsere Frauen, die auch zu Fuss gehen
und sich dem Volke nicht verhüllen, für wenig vornehm halten. Ein drastisches Beispiel, das mir erzählt

wurde, könnte die eingewurzelte Sitte klar machen. CHAREDDIN hatte, nach dem Tode seiner Frau, seinen Schwiegervater, den berüchtigten „Schatzmeister", gestürzt und wollte den Blutsauger hinrichten lassen. Da erklärte die Frau des letzteren, Schwester des verstorbenen so berühmten ACHMET-BEI, eine übrigens ebenso ehrgeizige wie einflussreiche Prinzessin: „Wenn ihr meinen Mann tödtet, zerreisse ich meine Kleider und Schleier, zerraufe mein Haar und gehe zu Fuss durch Tunis, um den Leuten zu erzählen, wie man ACHMET's Schwager behandelt." Das wirkte. Der Chasnadar blieb am Leben.

Die wenigen Frauen, die wir in den Strassen von Tunis trafen, gehörten den niederen und dienenden Ständen an. Es waren eher kleine Gestalten in weisser Kleidung, die auch das ganze Gesicht bis auf die Augengegend verhüllte. Sie gingen, ohne unser zu achten und unbeachtet, um Einkäufe, meist von Lebensmitteln, in den Bazaren oder Buden zu machen. Die meisten Geschäfte, die bei uns auch von Frauen besorgt werden, sind dort den Männern ausschliesslich vorbehalten. Keine Frau wirkt als Verkäuferin in den Bazaren oder auf dem Gemüsemarkt. Damen der Halle giebt es nicht, die Brod-Negerinnen ausgenommen, die träge am Seethor hocken.

Unverschleiert gehen die Beduinenfrauen. Sie waren in der Stadt nur spärlich, jedoch hie und da in Bazarbuden, wo sie eindringlich feilschten. Zahlreicher waren sie ausserhalb der Stadt sichtbar, theils zu Fuss, theils auf Eseln reitend, den Europäer ruhig und neugierig, selbst kokett anstarrend, aber nicht reizvoll: von bräunlicher Gesichtsfarbe, mit grossen, räderähnlichen Ohrüberhängen ¹, mit dem tätowirten kleinen schwarzen Kreuz auf der Stirnmitte. Das letztere sah ich auch bei den Kindern eines Hirten in Sidibusaid, der uns seiner mohamedanischen Religion ausdrücklich versicherte, und bei einem Kellner unseres Hotels, der sich gleichfalls als „Araber" bezeichnete.

HESSE-WARTEGG giebt eine sonderbare Erklärung dieses Kreuzchens: „Beim Durchblättern der Geschichte Karthago's — welcher? frägt man billig — kam ich endlich an eine Stelle, wo von einem Steuererlass gesprochen wird, der allen jenen Eingeborenen zugesagt wurde, die sich zum Christenthum bekehrten. Jeder von ihnen musste als Abzeichen ein kleines Kreuzchen tragen."

Das Zeichen des Kreuzes ist doch weit älter als das Christenthum und jene Hypothese zum mindesten ganz unbewiesen.

Eine alte wohlhabende Beduinenfrau lernte ich noch bei Dr. KUNITZ in der Sprechstunde kennen. Sie war unverschleiert, tätowirt, dunkel, hager, ihre Zähne plombirt im wahren Sinne, d. h. mit dicken, schwärzlichen Bleimassen gefestigt, ihr Hals mit einem lächerlich geschmacklosen Gehänge umgeben, woran Amulete, Thierzähne, Münzen in regellosem Gewirre prangten. Auf dem Sopha des Zimmers lag verbunden ein blinder, aber schon von Dr. K. erfolgreich operirter Neger. Scherzend fragte ich die Frau, ob sie, die Wittwe, jenen, da er wieder sehen könne, nicht heirathen

---

¹ Die kreisförmigen Ohrringe vom Umfang eines Handtellers werden nicht in den durchbohrten Ohrläppchen befestigt, sondern oberhalb der Ohrmuschel durch eine Art von Haken angehängt.

wolle. „O nein, erwiederte sie schlagfertig, er ist alt und arm. Aber Du siehst jung und wohlhabend aus, Dich nehme ich auf der Stelle." „Aber ich habe schon eine Frau", warf ich ein. „Mit der will ich schon fertig werden."

Von den ärmeren Judenweibern muss noch lobend erwähnt werden, dass sie die einzigen sind, welche das Waschen und Scheuern im europäischen Viertel, soweit es überhaupt geschieht, allein und unverdrossen leisten. In unserem Hotel war es ein einziges Judenweib, das vom Morgen bis zum Abend Treppen, Flure und Zimmer zu reinigen sich abmühte. Die Dienstmädchen übernehmen in Tunis nicht viel Arbeit und entlaufen, wenn man etwas mehr Thätigkeit von ihnen verlangt: die leidige Dienstbotenfrage bildete mehr als einmal, wie in Berlin, so auch in Afrika, das Gesprächsthema.

Die weisse ¹ Stadt Tunis, so malerisch sie auch auf dem sanften Hügelrücken zwischen den beiden Salzseen el Bahira und el Seldschumin als „Burnus des Propheten" sich ausbreitet: sie ist sehr unvortheilhaft gelegen. Im Alterthum hatte sie auch nur geringe Bedeutung. Die Phönicier, Griechen, Römer wussten Plätze zur Städtegründung besser zu wählen als die arabischen Horden.

Nach Norden und nach Süden können die beiden ummauerten Vorstädte, die sich um die Altstadt gruppirt haben, keine Ausdehnung gewinnen. Mehr als durch die Mauern, die nur noch der Mauth dienen,

---

¹ „Was wollen Sie in Tunis?" fragte mich vor der Abreise ein alter Patient, der mich ungern reisen sah. „Nichts als weisse Häuser." Der Mann hat Recht.

sind sie durch Terrainschwierigkeiten, namentlich durch olivenbepflanzte Hügel eingeengt. Dasselbe gilt für die Westseite. Die Ostseite der Altstadt ist vorsichtiger Weise von dem mehr und mehr verschlammenden Bahira-See entfernt gehalten. Und dies ist leider die einzige Seite, nach der hin die neuen Gründungen der Frankenstädt sich ausdehnen können. Zum Theil Gründungen im heutigen Sinne des Wortes, schon verkracht und lebensunfähig, zumal im Sommer dieser Theil von Tunis fast unbewohnbar wird. Neben manchen hübschen Häusern sieht man andere, die Ruinen gleichen, nur im Erdgeschoss ausgebaut und an Schnapsbudiker oder Tingeltangelwirthe vermiethet.

Von der kleinen Landzunge, wo nach dem pompösen Ausweis der Landkarten der Hafen von Tunis sich befinden soll, zieht eine sehr breite Hafenstrasse (Marina) zum Seethor, dem Eingang in die Altstadt.

Auf dieser Strasse concentrirt sich der Fremdenverkehr. Nicht weit von der Marine ist der italienische Bahnhof für la Goletta und der französische Bahnhof für Constantine in Algier einerseits und Hamam en lif andererseits, d. h. für die noch nicht ganz vollendete Küstenbahn.

Am unteren, dem See zugewendeten Ende der Strasse finden des Nachmittags gelegentlich Concerte der französischen Militärkapelle statt. Unter einer hübschen Baumgruppe herrscht dann ein fast europäisches Leben und Treiben; es erscheinen die geputzten und koketten Damen des Frankenviertels, namentlich auch Frauen der französischen Officiere und Beamten.

An der Marine liegt auch der Palast des französischen Consuls, mit einer Wache versehen, während die anderen Consulate dieses Pomps entbehren. Die Franzosen lieben es, in Tunis ihre Militärmacht zu entfalten; und da die Besatzung schwach ist, werden die Soldaten häufig durch die Strassen hin und zurückgeführt, wie die Festzüge in einer Opernvorstellung, meist mit klingendem Spiel, das übrigens für mein Empfinden wenig melodisch ist, da es zu hoch und zu scharf tönt. Die Kleidung der französischen Infanteristen besteht in blauer Zuaven-Jacke, Pumphosen, Gamaschen abwärts vom Knie, entsprechenden Schuhen. Letztere sind zu complicirt geknöpft, um im Feldzuge proper zu bleiben. Die Kopfbedeckung ist theils turbanähnlich, theils ein ungeheuer langer, rother Fez, der nach hinten absteht, und in gewisser Beziehung an die abenteuerlichen Deckel mittelalterlicher Landsknechte erinnert. Es scheinen relativ viel fremde Miethlinge und ferner blutjunge Franzosen in der Truppe zu dienen.

An der Marine liegt auch das sogenannte Theater von Tunis, wohl eine gewöhnliche Tingeltangelwirthschaft; wenigstens giebt es, laut Anschlag, dort auch Tanzvergnügung und Erfrischungen. Gegenüber ist eine Conditorei, in der namentlich auch schlürfende Griechen in blauer Nationalgewandung und französische Unterlieutenants sitzen. Sodann ist noch zu erwähnen (rechts, wenn man vom Hafen kommt) eine grosse katholische Kirche in gothisirendem Stil, mit Doppelkreuz. Eines Abends traten wir ein, einem Menschenstrome folgend, der sich hineinergoss.

Auf einem erhöhten Sitze sass an einem Tische
ein Mann mit eckigem Barett und schwarzem Talar,
der eindringlichst in die Menge hinein redete, mit
solchem Feuereifer und derartigen Gebärden, dass wir
einer socialdemokratischen Arbeiterversammlung bei-
zuwohnen vermutheten.[1] Die Sprache war uns zuerst
ganz unverständlich, bis allmählich einige italienische
Worte unser Ohr und Bewusstsein erreichten. Es war
eine maltesische[2] Predigt über die Passion. Das
Publikum sah nicht sehr vertrauenerweckend aus.

Beim Herausgehen sagte uns ein freundlicher Pfaffe,
dass wir am folgenden Tage wiederkommen müssten,
wenn wir eine italienische Predigt hören wollten.
Nicht weit von der Kirche liegt, scheinbar ganz
verödet, das ehemals berühmte Hôtel de la Regence.
und das jetzt beste, Grand Hôtel, von derselben Gesellschaft geleitet wie das unsere, aber offenbar z. Z.
in besserem Zustande. Gegenüber befindet sich das
Gebäude der Tabaksregie des Bey. Dieselbe soll jähr-
lich eine bis zwei Millionen Franken abwerfen. Ich ging
einmal hinein, um mir von dem berühmten Cigarettentabak zu kaufen und zeigte meine Metalldose. Der
Beamte erklärte, mir nichts verkaufen zu können; ich
sollte in die kleinen Butiken gehen. Ich fragte, warum.
„Weil wir weniger als für 50 Centimes nicht abgeben."
Ich reichte die Münze und empfing eine kleine Marke
aus Pappe, auf· $^1/_2$ Ferik lautend, trat aus der Vor- in

---

[1] Zum Ueberfluss giebt es in Tunis einen italienischen Arbeiter-
verein, Mutuo soccorso, der unlängst darüber berieth, ob es so bleiben
solle, wie es ist, oder ob Aenderungen nöthig seien!

[2] Der maltesische Dialect enthält sehr viele arabische Bei-
mengungen.

die Haupthalle und erhielt, frisch abgewogen, eine bedeutende Quantität, vielleicht '/₄ Pfund, Cigarettentabak, in gelbes Strohpapier gewickelt; während ein dritter Beamter, der in türkischer Weise hinter dem Tische sass, ebenso gravitätisch wie langsam mit einem Stäbchen meine Marke in ein Loch des Ladentisches „zu den übrigen" hineinschob. Immerhin ein complicirtes Verfahren.

Ausserdem liegen dort noch tunesische Boutiken mit schrecklichen Kellerlöchern unter dem Ladeneingang, aus denen gelegentlich ein Hilfsjunge hervorkriecht; sowie europäische Handlungen mit Photographien und allem möglichen: ein Laden-Schaustück war eine Glasbowle auf einem Bronzekameel, mehr ortsangemessen als geschmackvoll.

Den Rest der Marine nehmen Café's ein mit zelt- oder loggienartigem Vorbau nach der Strasse, wo theils besser gekleidete Tunesen, theils Griechen oder andere Europäer den Mokka schlürfen oder Schnäpse und Limonaden nehmen. Die Seccatura ist grenzenlos: Stiefelputzer, bettelnde Kinder, Verkäufer von Riesenbouquets, die sie auf dem Haupte tragen, von Fez mit und ohne Goldflitter, von Flanellhemden und Zündhölzchen treiben Tags und Abends dort ihr Wesen. Dazu kommen noch europäische Musikanten, und was für welche! Das Innere der Café-Halle ist meist leer, wenn nicht etwa Billardspieler da sind, die Wände geschmückt mit fabelhaften Bildern morgen- wie abendländischer, i. A. nur mässig bekleideter Frauenzimmer.

Nachdem die Bierprobe, wie zu erwarten, schlecht ausgefallen, nahmen wir meist nur Kaffee, zuerst im

Paradiso, später im Cercle, wo auch Dr. Kunitz zu
verkehren pflegte. Letzterer hatte das Kind des Be-
sitzers behandelt und erhielt dafür — Naturalleistung,
d. h. Kaffee gratis, so oft er kam; sogar wir selber
konnten einmal nicht bezahlen, als wir in seiner Gesellschaft dort waren.

Am Ende der Marine ist eine kleine Erweiterung
der Strasse, ein Platz mit umfriedigter Erhöhung. Hier
werden des Morgens Auctionen abgehalten. Der ärgste
Plunder europäischer Fabrikation, den man sich denken
kann, Trumeaux, die ganz verzerrte Bilder geben;
Matrazen, auf denen ich nicht liegen möchte; Pendulen,
die gewiss noch nie eine richtige Stunde angezeigt
haben; Stoffe und fertige Kleidungsstücke werden hier
unter starkem Zungenschlag an den Mann gebracht.

Hier ist auch der Halteplatz für mehrere niedrige
Omnibus-Fuhrwerke, welche durch die Marine und
einige der breiteren Strassen fahren, so wie der Stand-
ort für ein Dutzend Droschken, die merkwürdiger
Weise den unsrigen zweiter Classe recht ähnlich sehen.
Dieselben werden von bemützten oder befezten Mal-
tesern geführt, einige auch von beturbanten Einheimischen, die nur arabisch sprechen, aber doch, wie wir
einmal erlebten, den Fremden zu prellen verstehen,
übrigens sich bald zufrieden geben, wenn man auf ihre
Unverschämtheit nicht eingeht. Die Fahrt von und zu
dem Bahnhof, die nur wenige Minuten dauert, kostet
2 Frcs., die halbe Tagfahrt 8—10 Frcs., die ganze
12—15.

Die Pferde sind äusserst genügsam; sie bekommen
auf dem Halteplatz von dem Jungen des Kutschers
eine Handvoll Gras, kennen aber doch auch ihre Com-

petenzen: an der ausserhalb jedes Thores befindlichen
Tränke laufen sie nie vorbei, ohne ihren vollen Trunk
zu nehmen.

Das Seethor (Bab-el-Bahar), das eigentlich nur
noch architektonische Bedeutung hat, ist ein einfacher
Bogen, oben wagerecht und schmucklos, vorn über der
Wölbung mit einer arabischen Inschrift versehen. Unter
diesem Bogen und auf dem kleinen Börsenplatz,
der an der Innenseite, nach der Altstadt zu, daran
stösst, drängen sich Arbeiter, die auf Beschäftigung
warten, Hausirer, Beamte, blinde Bettler, zahlreiche
Händler mit Nahrungsmitteln und Kleinigkeiten, und
müssige Europäer wie Tunesen, auch Matrosen und
Schiffsjungen.

Unter den Nahrungsmittelverkäufern nehmen um
so mehr, je weiter man in's Innere der Stadt vordringt, schmierige Jungen und Männer überhand, die
auf einem ebenso schmierigen Brett öltriefende Kuchen
feilbieten, offenbar ein Nationalgebäck, das bei den
Leuten auf den Strassen und in den Buden reissend
abgeht, und dessen Herstellung in einer schwarzen
brodelnden Pfanne man genügend von der Strasse aus
beobachten kann, — um von vornherein auf diesen
Genuss zu verzichten. Eine besondere Specialität bilden Händler mit Hühnern, die man zum Theil gebunden
über die Strasse trägt, zum Theil in Käfigen und auch
— auswürfelt! Ja Honigkuchen und ähnliche Lecke-
reien werden den aus den nahen europäischen Schulen
strömenden Kindern durch das Mittel eines kleinen
Hazardspieles zugänglich gemacht! Am Seethorplatz
ist auch eine fliegende Buch- und Verlagshandlung
etablirt, in der Nähe des italienischen Consulats, offen-

bar von einem italienischen Patrioten gehalten, welcher
Bilder der Mitglieder der italienischen Königsfamilie,
italienische Zeitungen und Brochüren feilbietet und
anpreist. Man vergesse nicht, dass bis vor kurzem die
Italiener Tunis als ihre Domaine angesehen haben.
Auch französische Zeitungen werden auf diesem Platze
verkauft, darunter das officielle Journal von Tunis, auf
das ich noch zurückkomme, und eine andere Zeitung,
die den französischen Standpunkt in einer eigenartigen
Weise vertritt, nämlich die Gegner ihrer politischen
Anschauungen mit anonymen Verleumdungen über-
schüttet.

Von diesem winzigen Platz führen zwei wink-
lige Gassen in das Innere des eigentlichen Tunis, in
ostwestlicher Richtung, zu den Bazaren, ferner zu
dem Palast des Bey und zu der alten Burg Kasbah,
die an die Mitte der westlichen Umfassungsmauer der
Altstadt anstösst. Die beiden Gassen sind einander
ziemlich ähnlich. Wir betraten zunächst die linke.

Sie ist so eng, dass ein ordentlicher Wagen nicht
durchfahren kann.[1] Es ist wunderbar genug, dass noch
Karren hindurchkommen, z. B. die für die neu ein-
gerichtete Strassenreinigung, oder hochbepackte Kameele. Der langsamste Schritt ist obligatorisch. Der
Führer oder Treiber schreit fortwährend: Guarda,
Guarda, oder Bara, bara (weg, weg). Er hat orienta-
lische Geduld — und Zeit, und die Begegnenden auch.

Die enge Gasse ist sehr belebt. Je weiter man
vordringt, desto mehr nimmt der europäische Charakter

---

[1] Kutschen nehmen auch immer den Weg längs der Mauern der
Altstadt, wenn sie nach dem Hauptplatz von Tunis, am Palast des
Bey, gelangen sollen.

ab. Anfangs sieht man noch Schnitt- oder sogenannte
gemischte Waarenhandlungen, in denen die ärgsten
Schundsachen, Messer, Teller, Spiegel, Puppen, Zeuge,
Schlösser, auch Revolver und tausend andere Gegen-
stände ausliegen; ferner Materialwaaren-, Wein- und
Oel-Handlungen, Metzgereien, Uhrläden, in denen Europäer, darunter viele Malteser, ihr Wesen treiben. Endlich giebt es hier auch noch Hotels mit hochtrabenden
Namen, aber von unbeschreiblichem Aussehen. Eine
Eigenthümlichkeit der Strasse bilden schattige Gewölbe-
bogen, die quer über die Gasse geschlagen sind und
das obere Stockwerk eines Hauses stützen.

Bald nimmt die Enge der Strasse zu, die Häuser
werden immer kleiner, enthalten nur noch winzige
Läden oder Butiken, in denen tunesische, zum Theil
jüdische Händler die einheimischen Erzeugnisse, Tücher,
Stoffe, Schalen, alte Waffen und sonstigen Kram feilbieten. Die Strassen sind auf lange Strecken ganz
und gar bedeckt, zum Theil durch obere, quer gelegte
Bretter, aus deren Zwischenspalten ein eigenthümlich
gedämpftes Licht einfällt.

Wir sind in den grossen Bazars. Es dürfte
kaum verlohnen, die 17 verschiedenen Abtheilungen
derselben nach ihrer geographischen Lage und Auf-
einanderfolge genauer zu beschreiben. Wir haben auch
so eingehende Studien nicht angestellt, da wir nicht
die Absicht haben konnten, Hrn. DAVID u. Gebr. Concurrenz zu machen. Aber eine allgemeine Uebersicht
über diese Bazars, die Tunis als einen Haupthandels-
platz des mohamedanischen Afrika kennzeichnen,
möchte doch von Interesse sein.

Zunächst kamen zahlreiche kleine, gewissermassen in Wandnischen der Häuser eingebaute Buden, in welchen Nahrungsmittel verkauft werden. Der Händler sitzt mit gekreuzten Beinen auf dem Tisch, hat vor sich und zu seinen Seiten grosse offene Schalen mit Rosinen, Feigen, Datteln, Hirse, Mehl u. A. stehen, auch ein oder zwei Massgefässe und eine kleine Wage und kann sitzend alles mit der Hand erreichen. Mitunter ruft er die Fremden an: Mussiöh, datti buni, buni. Das ist seine lingua franca, die man mit Hilfe des Italienischen ganz gut versteht. Aber bei ernsterem Einkauf ist doch der arabisch redende Führer als Dolmetscher unentbehrlich.

Dann kommt der Parfüm-Bazar. Die Buden sind noch winziger, die Verkäufer fast alle Mohamedaner und sehr zudringlich. Sie bieten namentlich Rosenöl an, in kleinen, dickwandigen versiegelten Capillarröhrchen zu 1,50 Frcs. Wer das kauft, ist betrogen, da diese Röhrchen überhaupt kein Rosenöl enthalten. Die weiteren Artikel sind Ambra; lächerlich dünne, zum Theil fünffach verästelte, bemalte Wachskerzen, die zu religiösen Zwecken dienen, Seifen der einfachsten und theuersten Gattung; Henna zum Färben der Fingernägel.

Wir gingen einmal mit dem Generalconsul zu einem ehrlichen Fabrikanten der Art, der neben dem Bazar im zweiten Stock des Hofraumes wohnte, übrigens gar nicht mit sich handeln liess und für 3,50 Frcs. vor unseren Augen das Capillarröhrchen mit Rosenöl füllte. Er zeigte uns auch seinen primitiven Destillirapparat und nannte uns die Zahl der Pfunde von Rosenblättern, die zur Erzeugung einer so kleinen Menge

des Oeles nöthig seien.[1] E. kaufte bei ihm für einen
ziemlich hohen Preis ein duftendes Ambra-Armband
und zog bei der Gelegenheit Erkundigungen über
diesen Stoff[2] ein, über dessen Verfälschung durch die
Zwischenhändler der Fabrikant sich bitter beklagte.

Als wir auf den viereckigen, loggienumgebenen
Hof zurückkehrten, wurden uns alte Teppiche (Kelim)
von grosser Zerrissenheit zu recht exorbitanten Preisen
angeboten. Auf demselben Hof war soeben, wohl aus
Deutschland, eine grosse Ladung der einfachsten Holz-
löffel angelangt, die von jüdischen Händlern sorgsam
gezählt und gebucht wurden.

Hie und da ist eine Bude in den Bazars von einem
Notar besetzt, oder richtiger belegt, da er meist in
halbliegender Stellung sich befindet. Viele Akten hat
er nicht. Wenn er schreibt, hält er das Blatt Papier
in der Hand und scheint niemals grosse Eile zu haben.
Um aber gerecht zu sein, will ich nicht unerwähnt
lassen, dass die Ehrlichkeit und Zuverlässigkeit der
Notare durchgehends gerühmt wird. Hie und da sitzt
auch ein Wechsler, der dem Fremden auf den Franken
statt einer Kupfermünze (Charub, mit arabischen Schrift-
zügen, nominell 5 Centimes, faktisch 3—4) zwei zu

---

[1] Zu einem Loth Rosenöl gehören 1 1/2 Centner Rosen.

[2] Ambra wird in Tropenländern gefunden, vom Meere ange-
spült. Man glaubt, dass es ein vom Pottfisch abgesondertes Product
sei, Horn-, Darm- oder Gallenstein. Das Material zu den kleinen
Kunstsachen, Armbändern, Spangen, Rosenkranzperlen, ist mit Ambra
und Gewürzen imprägnirtes schwärzliches Holz. MALTZAHN nennt als
die Bestandtheile: Ambra, Moschus, Civet, Benzoë, Qomary, welche
zu Pulver verrieben und so lange erwärmt werden, bis eine teigige
Consistenz des Gemisches entsteht.

wenig herausgiebt und seinen dürftigen Münzvorrath mit einem Drahtnetz verdeckt hält.

Allenthalben aber giebt es kleine Kaffeebuden, deren Product die unerlässliche Einleitung zu jedem Handelsgeschäft vermittelt.

Von den Parfüms kamen wir in den Kleiderstoffbazar. Hier wird alles feilgeboten, von dem einfachsten Mousselin und Calicot für Beduinen- und Neger-Frauen bis zu den allerfeinsten Seidenstoffen für die verwöhntesten Haremsprinzesschen. Im ganzen dürfte die Kleidung einer wohlhabenden Maurin oder Jüdin theurer sein als die einer soliden europäischen Dame. Kostet doch der schwarze Schleier, mit dem die Tunesinnen ihr Gesicht verhüllen, bei guter Ausführung 150 Frcs. Für Schärpen zu Gürteln und Turbans wurden 50, für weissseidene gestreifte Damenburnus mit Kapuze 100 Frcs. verlangt.

Meine Frau fand die Stoffe gut und preiswerth.

Wir sahen auch die Handweberei des Seidenzeugs und die Webstühle, welche von Kalypso's Mo dell, wie es uns Homer geschildert, nic   we scheinen, und zwar bei einem e dem uns der Generalconsul fü lich zu allererst mit dem o wurden.

Das gleiche passirte der etwas zudringliche stischer Mohamedaner, einmal dort eingepfer ohne Kauf wieder auch eines von de Tischtüchern aus

gelben kufisch-arabischen Inschriften und Arabesken.
Vierzig Francs forderte der Tunese. DAVID sagte tugend-
haft, wir sollten die Hälfte bieten Kaum war das
Wort dem Munde entflohen, so hatten wir das Tuch
(statt in Papier, in weissen dünnen Stoff, der geknotet
wird, eingewickelt). Fünf Francs hatten wir zuviel ge-
zahlt, wie wir später erfuhren; ein kleiner Theil davon wird wohl an den biedern DAVID gelangt sein.
E. kaufte eine Gürtelschärpe für einen befreundeten
Maler.

Weiterhin folgen Zwirner und Schneider. Man
sieht die Fabrikation in den Buden direct von der
Strasse. Sehr sorgfältig wird der Goldseidenzwirn für
die Stickereien auf ganz kleinen Handspindeln gedreht.

Langsam und bedächtig wirken die Schneider. Sie
arbeiten wohl, aber fördern nicht viel. Eine grosse
Zahl von ihnen sind dunkelblau gekleidete Hebräer.
Die Betrachtung der Vorübergehenden lenkt die Bur-

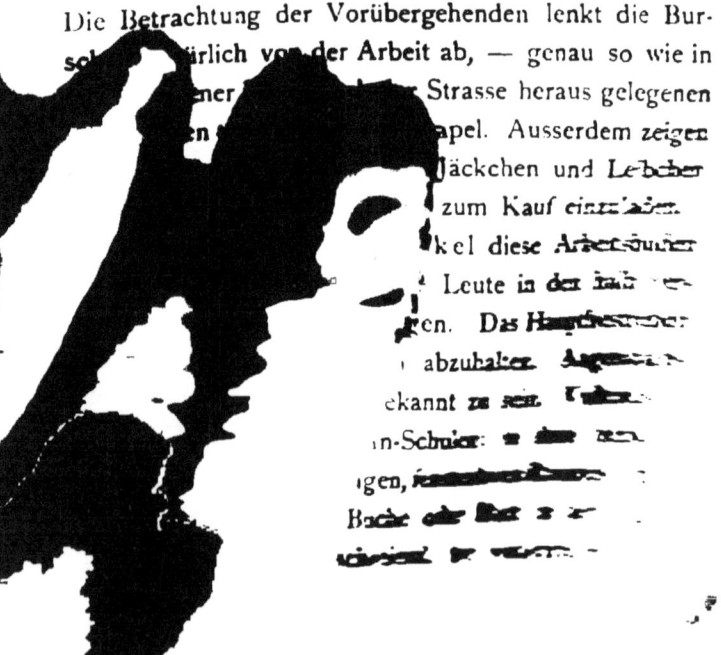

g ng des Oberkorpers, die heu gen Spruche des Koran.
Wenn ein Europaer staunend davor still steht, wird
schnell auf Wink des Lehrers von einem behenden
Knaben ein Vorhang vor die Gruppe gezogen. Der
„eiserne Schularzt", den bei uns manche fürden würde
hier vor Zornesgluth zerschmelzen, ehe er die geringste
Besserung zu Stande brachte.

Die Schuster fabriciren die gelben Pantoffelchen,
Schuhwerk aller Art und Reiterstiefeln. Der Pechdraht
wird zwischen grosser und Mittel-Zeh von dem nackten
rechten Fuss gehalten. Sehr zahlreich sind auch die
Sattler, welche die farbenprächtigen, aber unbeque-
men, hohen Sattel, Patronen- und Geld-Taschen und
ähnliches anfertigen; das meiste ist unpraktisch, aber
es ist hübsch gestickt.

Eine und die andere Nähmaschine sahen wir bei
den drei letztgenannten Categorien in Thätigkeit, doch
im Ganzen noch kein halbes Dutzend, obwohl auf den
Strassen auch in Tunis die grossen Plakate der ameri-
kanischen Nähmaschinenfabrikanten genügend oft angebracht sind.

Sehr interessant ist die Waffenfabrikation.
Ich weiss nicht, wo die Läufe und Hähne zu den Schiess-
waffen angefertigt, oder ob sie gar nicht mehr neu gemacht werden. Im Bazar sah ich jedenfalls nur das
Schäften, Zusammensetzen oder Repariren von Schiess-
waffen. Charakteristisch für Tunis ist der kleine Karabiner und die lange Beduinenflinte. Der erstere hat
die Länge einer Reiterpistole, einen weiten Tabatière-
Lauf, einen flintenähnlichen, schön mit Elfenbein oder
Metall eingelegten Schaft und ein Feuersteinschloss.
Der Schaft wird aus freier Hand geschnitzt und

gehobelt; der Hobel ist so klein, dass er in der Hohl-
hand Platz findet.[1] Diesen Karabiner, mit dem die
Beduinen angeblich vom Pferde aus sehr sicher zu
schiessen pflegten, jetzt abzufeuern, dürfte für den
Schützen gefährlicher sein als für den Feind: denn
alle Exemplare, die ich sah, auch die schönsten
und schmuckvollsten, hatten schlechte, unzuverlässige
Läufe. Aber als Zimmerschmuck wollte ich gern einen
erwerben und ging in einen wirklichen Waffenladen in
der Nähe, wo ein Araber einige Dutzend neuer Flinten
und Pistolen feilhielt. Der Mann führte die alten
Sachen nicht, begleitete mich aber zu einer Bazarbude,
wo man mir 25 Francs für ein hübsches Exemplar
des Karabiners abforderte. Da ich wusste, dass 15 Frcs.
der Preis sei, bot ich soviel, erst vergeblich, dann anscheinend erfolgreich. Doch plötzlich wurde dem Besitzer der Handel leid. Der lange Araber suchte mich
zu trösten und holte von einem Nachbar ein anderes
Exemplar; aber dieses — war für mich nicht 2 Francs
werth, hässlich und schmutzig; so kehrte ich heim
ohne Karabiner.

Die Läufe der langen Flinten werden sehr sorgfältig mit feinstem Draht, mittelst vieler Tausende der
dichtesten Windungen, an dem Schaft befestigt. Ob
sie wirklich noch viel als Jagd- und Vertheidigungs-
waffe benutzt werden, oder dem Beduinen gewissermassen den Sparzierstock vertreten, vermag ich nicht
anzugeben. Jedenfalls werden auf den Strassen der
Bazars noch allenthalben ein- oder zweiläufige euro-

---

[1] Ich sah auch Schreiner mit diesem winzigen Hobel wirth-
schaften!

J. HIRSCHBERG, Tunis.   4

päische Percussionsflinten (Vorderlader), ebenso auch
Revolver feilgeboten und von den lüsternen Beduinen
im dichtesten Gewühl einer sorgfältigen Prüfung unterzogen. Bei der absoluten Jagdfreiheit ist hier (wie in
Sicilien) der Bedarf an Gewehren sehr gross. Uebrigens
stellt das Abschiessen von geladenen Gewehren, dicht
vor den Stadtmauern von Tunis, angeblich zu dem
Zwecke, um kleine Vögel¹ zu treffen, einen wirklichen
Unfug dar; und die Unglücksfälle sind nicht so ganz
selten, nur dass sie nicht so zur allgemeinen Kenntniss
kommen. Sah ich doch auch kleine Buben auf der
gewöhnlichen Landstrasse, ein paar Hundert Schritt
vom Stadtthor, mit winzigen Terzerolen nach den
grossen Caktusblättern der Wege-Einfriedigung schiessen,
ohne dass einer der vorübergehenden Erwachsenen sich
im geringsten darum kümmerte, und ohne dass des
Europäers Vorsehung, die Polizei, zur Stelle war.

Ganz eigenartig ist noch ein Fabrikationszweig, die
Herstellung der F e z (Schachiah) genannte Kopfbedeckung. Der Fez wird von den Araberfrauen aus
feiner Wolle gestrickt und ist zunächst so gross, dass
er einem Kameel passen würde. Dann wird er hun-
dertfach durch Waschen gereinigt und geschmeidig gemacht, wobei er mehr und mehr einschrumpft; in grossen
Pressen, ähnlich denen unserer Tischler, zusammen-
gedrückt; mit einer Distel, die eine förmliche Bürste darstellt, gestrichen und mittelst der Scheere von vorste-
henden Wollhaaren befreit. Wir sahen in einer grossen

---

¹ Sonstiges Wild giebt es nicht bei Tunis, da Wälder fehlen.
Die soviel besprochene Falkenjagd der Scheichs auf Hasen ist ein
Mythus.

Bude den Herrn sammt Gehilfen arbeiten; die letzteren
sassen auf einer Art von Hängeboden, der in der Bude
hinten oben angebracht war. Die Rothfärbung des bis
dahin schneeweissen Fez wird mit besonderer Sorgfalt
vorgenommen. Angeblich liefert die heilige Stadt Kai-
rouan, die ehemalige Hauptstadt von Tunis, dazu das
beste Wasser. Die Zubereitung eines echten, allerdings
auch unverwüstlichen Fez dauert so lange, dass der
hohe Preis von 12—15 Frcs. und darüber nicht wunderbar erscheint.

Aber auch diese Industrie geht zu Grunde: Dutzende
von Pressen stehen unbenutzt im Bazar. Oesterreichische
und französische Fabriken importiren massenweis ein
anilingefärbtes Maschinenproduct zum Preise von 2 Frcs.
Allerdings sind diese Fez nicht so haltbar. Auf den
Köpfen der Bettel- und Schuhputzerjungen sitzen ganz
traurige, von der Sonne ausgezogene, halbweisse und
schäbige Fez-Deckel. In den Cafés und auf·den Strassen
bieten Hausirer die Fez an, mit und ohne Goldflitter;
sie fordern 6 Frcs. für das Stück und nehmen 2—3 Frcs.

Sehr gerühmt wird auch der Juwelen- und Gold-
arbeiter-Bazar. Hier herrschen ausschliesslich die
Juden. Die Läden sind klein, aber mit festen Schlös-
sern[1] versehen; die Arbeit plump, die Vorräthe winzig.
Vielleicht steckt mehr in dem grossen Eisenschrank,
der den Hintergrund des Ladens einnimmt. Was ausgelegt wird, ist der silberne, steigbügelähnliche Fuss-
schmuck der Maurinnen; silberne, dünne, auch vielfache
Armspangen; Halsketten mit Berloques; Ringe und

---

[1] Viele Schlösser in Tunis sind ähnlich denen von Pompeji, also
arabische Nachahmung römischer Arbeit.

4*

Uhrketten. Betrug ist jetzt völlig ausgeschlossen durch
Aufsicht des Aeltesten der Gilde, der das gekaufte vor
der Bezahlung begutachtet, und wurde früher — durch
Handabhacken bestraft. Hübschere Sachen, aber nur
aus der früheren Glanzepoche von Tunis, fanden wir
bei den Antiquitätenhändlern, namentlich bei einem,
den uns der Generalconsul empfohlen.
Das Gewühl in den Bazars ist selbst für den, der
London und Neapel kennt, von 11—12 Uhr unbeschreib-
lich gross, namentlich wenn weder Jud' noch Muselmann
mann feiert, wie an unserem ersten Besuchstage (Don-
nerstags). Die Menschen gehen nicht etwa blos zum
Bazar, um etwas Bestimmtes zu kaufen; sondern alle
gehen in den Bazar, wenn sie nichts anderes zu thun
haben, und sie haben recht wenig zu thun; und wenn
ihnen etwas von dem Ausgebotenen passend und billig
erscheint, kaufen sie es. Namentlich an der Auctions-
ecke, dicht·bei dem Palaste des Bey, in dem sogenannten Bazar des Bey, ist das Gedränge ganz
fürchterlich. Zahlreiche Verkäufer schieben sich durch
das Menschengewühl; der eine schreit ein Gewehr aus,
der zweite einen Gürtel, der dritte eine Matratze, die
er hoch emporhält, der vierte ein Flanellhemd. Dazu
brüllen noch aus den Buden heraus diejenigen, welche
alte Betten und Bettstellen, Spiegel und Schränke,
lauter Scharteken, dort aufgestellt haben, und wie es
scheint meistbietend losschlagen; endlich die Kuchen-
händler und Bettler. Lautlos schlüpfen die zahlreichen
Kaffeekellner, wenn dieser Ausdruck gestattet ist, durch
die dichte Menge hin und zurück mit ihren kleinen,
vielbegehrten Tassen. Zahlreiche Beduinen und selbst
Frauen vermehren das Gedränge. Europäer sind hier

sparsam. Nur in förmlicher Schlachtordnung, voran
der befezte David, dann E., dann meine Frau, endlich
ich selber, schlängeln wir uns langsam durch die
Menschenmassen, deren Gutmüthigkeit freilich die
Passage wesentlich erleichtert und die allerdings in
der Hinsicht ausserordentlich gebildet scheinen, dass
sie den so auffallenden Fremden nicht im Mindesten
belästigen.[1] Sehr erfreulich ist auch die vollständige
Abwesenheit von Taschendieben, die in Tunis unerhört
sein sollen. Freilich giebt es ja dort auch nur wenige
Taschen.

Endlich athmen wir wieder auf; wir haben eine
kleine Strasse erreicht, die nicht mehr überdacht und
beiderseits mit kleinen Manufacturwaarenläden besetzt ist, welche schon dem europäischen Aussehen
näher kommen. Man sieht bereits Firmen, z. B. Levi
frères; der Verkäufer redet eindringlich mit der un-
beugsamen Beduinenfrau.

Wir gelangen sofort zum Palast des Bey. Hier
befindet sich der einzige freie Platz von Tunis. Derselbe ist nicht sonderlich gross, etwa wie der Zieten-
platz vor dem Kaiserhof in Berlin, und mit einigen
Bäumen bewachsen. Von südlichen sieht man nur eine
einsame, aber dafür sehr schöne und alte Dattelpalme
in der Südwestecke des Platzes, auf einer kleinen
Erhöhung, dicht neben einem Privathause. Die
Mitte dieses Square ist etwas erhöht, mit einigen
Bänken und einem Dutzend mässig schattender Bäume
besetzt. Hier sassen wir öfters, namentlich in den

---

[1] Man versetze eine Gruppe Tunesen nach unserer Hasenheide
des Sonntags: sie würden mehr zu klagen haben!

letzten Tagen, als wir in Tunis unfreiwillig zurückgehalten wurden, mässig angestaunt von den wenigen
Muselmännern, die hier oben Siesta hielten.
Das Leben auf dem Platze ist am Vormittag recht
interessant. An dem Gitter der Erhöhung sind
scheckige, nicht sehr schöne Berberrosse befestigt, die
aus Langeweile (und vielleicht auch aus Hunger) einander zu beissen suchen, bis ihr burnusumhüllter Besitzer seine wohl meist gerichtlichen oder administra-
tiven Geschäfte im Palast des Bey vollendet hat und
ohne sonderliche Grazie seinen Körper in das Thal
des hohen Sattels hineinwirft, um langsam davon
zu traben, den Fuss im Steigbügel — oder draussen.
Ein niedlicher Reiter war ein kleiner, europäisch ge-
kleideter Knabe auf einem winzigen, elegant gesattel-
ten Esel, den ein Diener sorgsam an der Hand führte.
Während der Dienststunden fuhren auch einige .
grell bemalte, aber nicht eben geschmackvolle Pracht-
kutschen vor. Zahlreiche Beduinen und andere Einheimische drängen sich an den Pforten des Palastes
und unter den erhöhten Colonnaden des gegenüber-
liegenden Khaïreddin-Bazars, der, wie es scheint, zu
Ministerialbureaux u. dgl. eingerichtet ist.
Die Façade des Palastes ist einfach und, abgesehen
von dem Mangel der Fenster, fast in europäischem
Stil gehalten. Ein Officier (oder Beamter) in schwarzem Schnurrock, den Fez auf dem Haupt, die durch
die ägyptische Entzündung geschädigten Augen nur
halb geöffnet, lediglich der arabischen Sprache mäch-
tig, führte uns in den Hof und über fliesenbedeckte
Treppen in einen sehr schönen Rundsaal (Patio) mit
Glaskuppel. Die 16 Säulen desselben sind aus weissem

Marmor und wahrscheinlich aus Karthago — entnommen; die Rundbögen, welche von den Säulen getragen
werden, abwechselnd aus weissen und schwarzen Mar-
morquadern (bez. radiär angeordneten Lagern): was
einen durchaus gefälligen Eindruck macht. Schon hier
ist herrlicher Arabeskenschmuck oder Stuck zu sehen,
wie es heisst, aus dem vorigen Jahrhundert stammend;
noch mehr in einigen anderen Sälen. Leider ist auch
der grenzenlose Verfall handgreiflich. Ist eine Stelle
des Stuckes defect geworden, so wird sie glatt mit
weissem Mörtel überstrichen: das sieht gerade so aus,
wie wenn man in einem zarten Spitzenschleier ein
grosses Loch mit einem Leinwandlappen flickt. DAVID
behauptete, dass heutzutage Niemand mehr in Tunis·
diese Arabesken anzufertigen verstände.

Die Prunksäle für hohe Gäste sind durch ge-
schmacklose Pariser Möbel und lächerlich schlechte
Bilder entstellt; der berühmte Spiegelsaal, dessen Wände
und Decken früher den Glanz von tausend Kerzen
wiederstrahlten, ist halb erblindet und ganz verfallen.
Sehr geschmackvoll und dauerhaft ist der Fliesenbeleg
der Wände an Stelle der Tapeten. Jede einzelne Fliese,
mit der Hand hergestellt, zeigt ihr eigenes Linien-
muster auf dem weissglasirten Grunde: und doch wirkt
das Ganze harmonisch zusammen. Die Anordnung
ist meist wie an unseren Kachelöfen, so dass die
Seitenlinien der quadratischen Fliesen wage- und senkrecht ziehen. Mitunter aber sind die Quadrate rauten-
förmig aufgestellt, so dass ihre Seitenlinien schräg über
die Zimmerwand verlaufen. Wir wollen uns bei dieser
Gelegenheit daran erinnern, dass die Majolika oder
Fayence-Arbeit schon im neunten Jahrhundert bei den

Arabern in Nordafrika blühte, von ihnen nach Spanien
und Majorca und von dieser Insel im 15. Jahrhundert
nach Italien gelangte.

Der Bey selber hat im Palast nur ein Schlafge-
mach mit gelbseidenen Betten und ein Wohnzimmer,
dessen Fenster eine hübsche Aussicht auf den beleb-
testen Theil des Bazars liefert. Von einem anderen
Fenster des Palastes hat man auch einen schönen Blick
auf die ganze Stadt. In der Nähe sind die Paläste einiger Grossen. An
den Platz grenzt auch die Kasbah, eine mächtige
Zwingburg aus der Türkenzeit, jetzt ganz in Trümmern;
nur die hohen Ringmauern stehen noch aufrecht, und
auch das Hauptthor ist ziemlich gut erhalten. Man
arbeitet an der Wiederherstellung. Ich ging hinein,
von einem Soldaten der französischen Besatzung geleitet, und hatte von hier die schönste Aussicht auf
die Stadt, deren Dächer den Eindruck eines viel ver-
zweigten Systems von Fusspfaden machen; auf die
zahllosen kleinen Kuppeln[1] der Heiligengräber (Mara-
buts) und auf die Minarets. Die letzteren sind hier
nicht die schlanken, rundlichen Thürme mit plattem,
halbmondgekröntem Dach, wie wir sie von den üblichen
Orientbildern her kennen, sondern massige, viereckige
Thürme (wie Sevilla's Giralda), die sich von einem
Stockwerk zum andern verjüngen und in ein Spitzdach
ohne Halbmond auslaufen. Die Moscheen neben diesen Minarets sind nicht sehr hervorragende Bauwerke,
einzelne allerdings mit Freitreppen und loggienartigem

---

[1] Qoba = Zelt oder Kuppel, wohl identisch mit Kuba (bei
Palermo) und mit dem hebr. Chuppa, dem Hochzeitsbaldachin.

Vorbau, die Säulen gewiss aus Carthago¹ entliehen.
Das Innere der Moscheen ist in Tunis den „Ungläu-
bigen" unzugänglich.   Einmal liess uns DAVID durch
ein Fenster in eine Moschee hineingucken, wofür er
später gewiss einige Püffe von seiten der Rechtgläubi-
gen zu erdulden hatte: wir sahen nicht mehr als man
in jeder gewöhnlichen Synagoge sieht, eine schmuck-
lose Halle mit hängenden Messingkandelabern, auf dem
Fussboden eine Strohmatte.
     Die Privathäuser des reinlichen, stillen Araber-
viertels sind fest verschlossen.   Der grosse Thor-
weg trägt ein alterthümliches Eisenschloss.   Zu ebener
Erde sind keine Fenster; im ersten Stock sind solche
vorhanden und entweder durch grüne Holzjalusien
oder durch eigenthümliche, nach unten zu etwas vorge-
bauchte Eisengitter verschlossen.
     Wir kamen nur in ein Araberhaus hinein, das
jetzt einem französischen Arzte gehört, und zwar nur
bis auf den ganz und gar, auch an den Wänden mit
Fliesen bedeckten Hausflur.   Ausserdem sah ich auch
das Haus eines reichen Tunesen, das jetzt an die
französische Intendanz vermiethet ist, woselbst der
Generalarzt Dr. PONCET wohnt und sich ganz orien-
talisch mit rothseidenen Vorhängen und Divans eingerichtet hat.
     Die Judenstadt ist dichter bevölkert, aber nicht
so schmutzig, wie HESSE-WARTEGG schreibt.   Das Innere
eines Judenhauses, das wir besucht, soll später ge-

---

¹ Die Hauptmoschee soll zahlreiche Ueberreste aus Carthago
(Sculpturen, Grabschriften) enthalten, die wohl noch ihrer wissenschaft-
lichen Verwerthung harren.

schildert werden. Weit schmutziger ist das .Viertel
der Malteser, was schon begreiflich ist, wenn man
sieht, dass das Schwein ihr Lieblingshausthier ist.
Die Malteser, so verrufen sie sind, haben aber
doch auch ihre Vorzüge. Es sind Schmiede, die rüstig
hämmern und ihre kleinen Feuer mit Handblasebälgen
beleben.

Eine Industrie mag noch zum Schluss erwähnt
werden, die Mehlfabrikation. Wir sehen eine
Mühle in einem niedrigen Souterrain oder Basso. Sie
hatte genau die Form der Mühlen in Pompeji: ein
kegelförmiger Stein wird gegen einen darunter befindlichen steinernen Hohlkegel rotirt; oben wird das
Getreide eingeschüttet, unten fliesst das Mehl ab. Der
Hebel, der in dem Vollkegel befestigt ist, wird gedreht von einem Esel oder Maulthier, dessen Augen
verbunden sind und das immer vorwärts gehen muss, da
seine Nasenscheidewand mittelst eines Stricks an einem
zweiten gleichfalls in den Drehstein gesteckten Hebel
befestigt ist, so dass heftige Zerrung eintritt, wenn
das Thier still steht.

Die Procedur, die auch bei den Kameelen der
Schöpfräder auf dem Lande bei Tunis zu beobachten
ist, scheint wirklich grausam zu sein, und nur dann
entschuldbar, wenn man erwägt, dass früher Sklaven
diese Arbeit geleistet. Bei uns, in der Hasenheide,
sieht man wohl auch ein Pferd das Caroussel drehen,
aber weder sind ihm die Augen verbunden, noch die
Nasenscheidewand befestigt; es läuft einfach in einer
Scheere, welche den Hebelarm zieht. Allerdings muss
hier der Aufseher mit arbeiten, — in Tunis nicht, ausser
zu Anfang und zu Ende des Rundlaufs!

Nachdem wir den Bazar, das Juden- und Araber-
viertel, den Palast des Bey nebst Umgebung besichtigt,
kamen wir noch in den Justizpalast.

Die patriarchalische Rechtssprechung des Bey, die
er, die Pfeife im Munde, auf dem Thronsessel, wöchentlich einmal vor aller Augen geübt, hat seit kurzer Zeit
aufgehört; und mag übrigens in diesem Lande der
orientalischen Willkür und Bestechung schon ihre
guten Seiten gehabt haben. Beseitigt ist auch die
Consulargerichtsbarkeit über die Fremden, ursprünglich eine Schutzwehr gegen jene Willkür, zuletzt aber
vielfach in eine lächerliche Farce ausgeartet. Es war
in Tunis vorgekommen, dass ein Europäer gemordet
hatte und zum Tode verurtheilt wurde. Sein Consul
hält ihn im Keller gefangen und schreibt nach Hause.
Man hat aber kein Kriegsschiff und will nicht erst eine
fremde Macht bemühen; man scheut auch die Kosten.
Es bleibt nichts übrig, als den Bösewicht — laufen zu
lassen, da er doch nicht ewig im Consulatskeller sitzen
kann. Unser Generalconsul hat noch vor wenigen
Jahren einen 21jährigen Mordcommis aus Baiern nach
seiner Heimat senden müssen; der junge Mensch hatte
damit angefangen, seinen begüterten Rejsegefährten
auf der Jagd zu erschiessen und auszuplündern, und
war so begabt, dass es ihm gelang, eine förmliche
Räuberbande in Tunis zu organisiren.

Sehr schlimm wüthete auch eine Bande Griechen
noch vor Kurzem in Tunis. Sie plünderten am hellen
Tage Läden und Menschen aus, indem sie dieselben,
mit den Waffen in der Hand, umzingelten und jeden
Helfer abschreckten. Eingefangen wurden sie dem grie-
chischen Consul überliefert. Derselbe sperrte sie

pflichtgemäss in seinen Keller. In der Nacht waren
sie immer wieder ausgebrochen und trieben ihr Wesen
von Neuem. Da engagirte die tunesische Polizei einen
sehr starken und entschlossenen Militärofficier, welcher
bei der nächsten Gelegenheit die Haupträuber in
flagranti mit dem Revolver niederschoss und — die
Leichen an das griechische Consulat ablieferte. Dies
hatte die erfreuliche Folge, dass sofort alle Räubereien
aufhörten, und jetzt ist Tunis für den Reisenden eine
völlig sichere Stadt, weit sicherer als Unteritalien und
Sicilien. Man kann sogar des Nachts ganz ruhig durch
die unerleuchteten Gassen wandern und im Wagen
unbesorgt jede Spazierfahrt vor den Thoren vornehmen. Allerdings verlässt man sich nicht ganz auf
die einheimische Polizei. Die Banken und Comptoire
im Europäerviertel, die etwas zu verlieren haben,
engagiren Araber als Privatwächter, die Nachts auf
Pritschen vor dem Eingang der Locale hocken oder
liegen.

Im Justizpalast sieht man französische Beamte
neben eingeborenen, die alle Streitfragen zwischen
Fremden und Einheimischen und auch die Processe
der Einheimischen untereinander nach französischem
Gesetz entscheiden; und zwar öffentlich. Wir konnten
einen Augenblick eintreten und zuhören. In der Regel
werden aber die Einheimischen es vorziehen, ihre Processe vor das geistliche Gericht zu bringen, das
nach den Satzungen des Koran urtheilt. Ich war auch
dort und fand ein grosses Gewühl, hauptsächlich von
Beduinen, auf dem von Arcaden umgebenen Hof.
Zwei Untersuchungs- oder Strafgefangene, die hinter
eisernen Gittern sassen, verkehrten durch dieselben

ganz frei und gemüthlich mit den Andern und schnupf-
ten aus deren Dosen.

Am Nachmittag desselben Tages holte uns Davɪᴅ
versprochenermassen zu einer Judenhochzeit ab. Da
es noch zu früh war, schlenderten wir langsam durch
verschiedene Strassen.

Ganz zufällig kamen wir in das Haus, wo die
Alliance israelite ihre Schule errichtet hat, und
fingen an, die letztere zu inspiciren.

Sie liegt auf einem grossen, wenig gepflegten Hof,
auf den die Thüren oder mässig verglasten Fenster
der Schulzimmer sich öffnen. Wir wurden sehr gut
empfangen, die Schüler erhoben sich auf Commando
des Lehrers bei unserem Eintritt. Sehr bald erschien
auch der Director, ein Franzose, Mr. Cazès.

Die Kinder waren im Allgemeinen reinlich und
ordentlicher gekleidet, als sonst die einheimischen Kinder niederer Classen. Sie hatten durchaus nicht afrikanischen Typus. Die meisten waren dunkeläugig,
doch kamen auch schöne blaue Augen vor. Ein Kind
war albinotisch;[1] diesem hatten die Eltern den vor-
deren Theil des Haarschopfes grellroth gefärbt, wohl
mit derselben Tünche, mit welcher gelegentlich in Tunis
auch Vorderfüsse und Schweif eines weissen Pferdes
gefärbt werden.

Ziemlich gross war die Zahl der augenleidenden
Kinder, mit Verlust eines Augapfels, Schielen, ägyp-
tischer Augenentzündung. Ich bezeichnete dem Director
die Leidenden, damit sie dem deutschen Augenarzt in

---

[1] Mit weissem Haar und rothem Augenstern, wie ein weisses
Kaninchen oder ein pigmentloser Mensch bei uns (Kakerlake).

Tunis, Hrn. Dr. Kunitz, zugeführt würden. Er versprach es mit lebhaftem Dank; doch ist mir zweifelhaft, ob die Angehörigen der Kinder seinen Weisungen Folge leisten.

In pädagogischer Hinsicht war recht auffallend, dass die Kinder, welche durchgehends arabisch sprachen, in den höheren Classen aber schon ein leidliches Französisch dazu gelernt hatten, sehr wenig Hebräisch wussten, sogar das Hebräische sehr schlecht lasen von kleinen losen Blättern, die offenbar Gebetbüchern entnommen waren. Unterricht wurde auch im Arabischen ertheilt, ferner in der Anschauungslehre und in der Geographie. Bei letzterem Gegenstand wirkte einigermassen komisch, dass 10—12jährige Buben in Tunis nicht blos die Departements von Frankreich, sondern sogar die Präfecturen und Unterpräfecturen des Seine-Departements lernen sollten, die gewiss meinen in Paris lebenden Freunden nicht ganz geläufig sind. Allerdings mag es schwierig genug sein, in Tunis gute Pädagogen zu gewinnen. Ein Theil der Lehrer war noch recht jung. Im Gegensatz dazu ein Theil der Schüler in den oberen Classen schon recht ausgewachsen.

Zum Schluss wurde mir ein Paradeschüler vorgeführt, der die folgende Aufgabe befriedigend löste: Gegeben ist ein gerader, abgestumpfter Kegel durch seine Höhe und die Radien der beiden Endflächen; gesucht das Volum der fehlenden Spitze des Kegels. Man muss vor einer solchen Leistung in Afrika, namentlich da die Schule erst sechs Jahre alt ist, seine Hochachtung aussprechen. Es besteht der Plan, einige Musterschüler nach Frankreich zur weiteren Ausbildung

zu senden. Ich rieth an, es mit dem Medicinstudium
zu versuchen, da die tunesische Judengemeinde von
fast 40 000 Seelen noch nicht einen einzigen europäisch
gebildeten jüdischen Arzt besitzt.

In der Mädchenabtheilung, die kleiner ist, trafen
wir hübsche Kinder, zum Theil auch in geschmack-
voller Kleidung, und — eine deutsche Lehrerin, die,
vom Rhein hieher verschlagen, vor ihren Landsleuten
wie Iphigenie in elegische Klagen ausbrach.

Ich schlug Hrn. Cazès die Gründung einer augen-
ärztlichen Poliklinik für die tunesischen Juden, unter
Leitung des Dr. Kunitz, vor. Mit Eifer ergriff er den
Plan, allerdings betonend, dass die zahlreichen Rabbi-
ner in Tunis allen Neuerungen abhold seien, da sie
davon eine Schmälerung ihrer Einkünfte befürchteten;
er versprach Sonnabend nach Tisch mit dem Ge-
meindevorstand bei mir zu erscheinen. Statt seiner
kam eine Karte, dass er durch unvorhergesehene Arbeit
verhindert sei, — *vis inertiae orientalis.*

Die Judenhochzeit zu Tunis ist von Hesse-
Wartegg eingehend geschildert worden.[1] Ich will nur
das berühren, was wir gesehen. Es war nicht der
erste Tag der Hochzeit, wo der Ehevertrag verlesen
wird, sondern der zweite. Der Bräutigam war wohlhabend, wie David uns vorher mittheilte; er nähme
keine Geschenke von den Fremden an; wir hätten nur
für die Musik 5 Frcs. zu spenden.

---

[1] Die Braut sitzt verhüllt auf einem Stuhl, der auf einen Tisch
gestellt ist. Der Ehecontract wird verlesen. Der Bräutigam steckt
der Erwählten einen Ring an den Finger. Ein Glas wird zerschmet-
tert u. s. w.

Wir traten durch ein unscheinbares Thor ein und
gelangten auf einen einfachen, grossen, gepflasterten und
mit Loggien umgebenen Hof eines zweistöckigen, von
mehreren Judenfamilien bewohnten Hauses. Beim Eintritt sahen wir als Marke des krassen Aberglaubens
eine roh an die Wand geschmierte Hand — gegen
den bösen Blick. Wir wurden von einem Aufwärter,
Barbier oder Spassmacher, der in Fez und Weste die
Honneurs machte, freundlich empfangen, an einen Tisch
geleitet, auf Strohstühle gesetzt.

Aufgewartet wurde Liqueur, Kuchen und ein
süsser Teig, wie Osterkuchen mit Honig, um den uns
die zahlreichen Kinder beneideten; aber nicht lange,
denn wir theilten ihnen gern mit. Albion war auch
zur Stelle, nämlich ein schweigsamer Vater, eine italienisch mit einem Judenweib redende Mutter und zwei
stolze, ziemlich hagere Töchter.

Der ganze Hofraum war voll Menschen. Da waren
junge Hebräer zugegen, die umher standen oder auf
Stühlen sassen, müssig plauderten und von den Erfrischungen kosteten: durchgehends wohlgebildet, von
fast europäischen Gesichtszügen, von dunklem Haar,
gut rasirt, mit wohlgepflegtem Schnurrbart, den Fez
auf dem Kopf, das tunesische Prachtgewand auf dem
Leibe, jenen dünnstoffigen, braunrothen Schlafrock
mit olivenfarbiger Einfassung, Lackstiefeletten an den
Füssen. Ferner einige ältere Juden mit blauem Turban, weiter blauer Jacke, blauen Pumphosen und blendend weissen Strümpfen, alle vollbärtig, von patriar-
chalischem Aussehen.

Von oben aus den Loggien des ersten Stocks sah
verschiedenes Volk zu. Einzelne Schlechtgekleidete

drängten sich gleichfalls in den Hof, so auch ein struppiger, barfüssiger Alter, der von Zeit zu Zeit einen gellenden Pfiff ausstiess; er schien mir fast blödsinnig, hat mich aber beim Verlassen des Locals ganz vernünftig angebettelt. Ferner eine magere Megäre, die herzzerreissende Triller[1] von sich gab, besonders wenn die Braut dem Volke sich zeigte, was mehrere Male geschah. Den Haupttheil der Unterhaltung sollte die Musik bieten. Dieselbe bestand aus der sogenannten Leibkapelle des Bey. Es waren drei blinde, fast blödsinnig lächelnde Araber mit eingesunkenen Augen, denen wegen ihrer Blindheit gestattet wird, den in den Harems sich langweilenden Weibern durch ihre Kunst die Zeit zu vertreiben. Ihr Impressario war ein sehender, feister, junger Jude, der auf einer Guitarre klimperte. Ihre Instrumente sind sehr primitiv, eine Art Pfeife, Trommel und Fiedel. Der begleitende monotone Gesang war für uns geradezu nervenerschütternd; überhaupt war das „unangenehme Geräusch", das sie hervorbrachten, mit Musik nach unseren Begriffen nicht verwandt; es schien aber doch den Einheimischen gut zu gefallen. Das war das erste Concert in Afrika, das wir zu hören bekamen.

Allmählich erschienen die Hauptbetheiligten. Zunächst der Bräutigam, ein stattlicher, sogar hübscher Mann, der einen blauseidenen Kaftan und feine Lackstiefeln trug. Sodann die Schwester der Braut, ein nettes, kokettes Mädel von 10 Jahren, die ein euro-

---

[1] HESSE-WARTEGG vergleicht dieselben dem Kriegsgeschrei der Prairie-Indianer.

päisches [1] Kleid aus blauem Sammt mit entsprechendem
Federhut trug, womit man bei uns allerdings ein solches Kind höchstens zu einer Maskerade ausstaffiren
würde. Ferner zahlreiche Frauen, — Brautjungfern in
unserem Sinne vermochte ich nicht zu entdecken, —
von wohlgebildeten Gesichtszügen, jedoch durch den
üblichen braunen Streifen zwischen den Augenbrauen
entstellt; rothbäckig und von der colossalsten Beleibtheit. Die meisten hätten als dicke Damen in unseren
Schaubunden ihr Brod verdienen können. In der
Berberei gilt Beleibtheit als ein Hauptvorzug der
schönen Frau und wird bei den heirathsfähigen Mäd-
chen künstlich hervorgerufen, nach einem System,
welches dem Nudeln der Gänse einigermassen ähnlich
ist: die beklagenswerthen Geschöpfe dürfen das Zimmer
nicht verlassen und werden mit Mehlspeisen (angeblich
auch mit Hundefleisch) vollgestopft. Endlich erschien
auch die Braut, die gleichfalls recht wohlbeleibt, etwas
klein und sehr schüchtern, jedem von uns die mit
Ringen besäete Hand schweigsam reichte. Ich fühle
mich unfähig, den Leserinnen das Costüm befriedigend
zu schildern und möchte nur hervorheben, dass die den
prallen Schenkeln eng anliegenden Hosen aus dickem
Goldstoff und das reichgestickte Jäckchen einen höchst
seltsamen Eindruck machten. Jedenfalls ist die Gewandung ebenso kostspielig wie unbequem.

Ruhig setzte sich die Braut auf einen im Hintergrund des Hofes stehenden Divan neben den Bräutigam,
mit dem sie kein Wort wechselte, verschwand nach

---

[1] Der überall, auch nach Tunis vordringende Fortschritt gestattet wenigstens der heranwachsenden Generation schon vielfach die
europäische Gewandung.

einiger Zeit und kehrte wieder in einer neuen Gewandung, um ihren Reichthum zu zeigen und die Gesellschaft zu ehren.

Bei der Leichtigkeit, mit welcher die Ehescheidung hier bei Jud' und Muselmann sich vollzieht, ist es üblich, einen grossen Theil der Mitgift in Kleidung und Schmuck der Braut anzulegen, haarklein zu buchen und, — wenn die Scheidung erfolgte nebst der im Ehevertrag festgesetzten Abfindungssumme auch zurück zu fordern.

Hinter mir sass eine mittelmässig, aber sauber gekleidete Jüdin von etwa 30 Jahren, die theils ihre kleine Tochter sanft schalt, dass sie mich meines Kuchens beraubte, theils in leidlichem Italienisch mich neugierig ausfragte.

Da kam ein unerwartetes Unheil. David hatte ausgeplaudert, dass wir die Judenschule so eingehend besichtigt. Jetzt kam der Aufwärter und fragte mich französisch, ob wir nicht Juden seien. Dieses Gebiet der Erörterung wollte ich in Tunis nicht betreten, zahlte der Musik einen Fünffrankenthaler — der „Lord" hatte einen Franken auf dem Teller deponirt, — kaufte mich von dem Aufwärter durch eine Silber-, von dem alten Bettler durch eine Kupfermünze los und verliess das Local, wenn auch nicht befriedigt, so doch zu mannigfacher Betrachtung angeregt.

Nachmittags ging der Generalconsul mit mir zu Dr. Poncet, dem Generalarzt der französischen Occupationsarmee, den ich von Paris her (seit 1876) kannte. Poncet empfing uns sehr freundlich, erwiederte Tags darauf den Besuch und beschenkte uns sogar mit einigen echt karthagischen Alterthümern, einer römisch-

5*

heidnischen, einer römisch-christlichen Lampe, einem Aschenkrüglein und zwei römischen Münzen.

Den Abend brachten wir mit dem Generalconsul bei Hrn. Dr. KUNITZ zu. Dieser bewohnt dicht bei unserem Hotel, im Hause der Gesellschaft Florio-Rubattino, den zweiten Stock, zu dem eine eigene Treppe hinaufführt. Er ist Schüler von Prof. COCCIUS in Leipzig, ging wegen eines Brustleidens nach Italien, erholte sich, heirathete dort eine deutsche Dame, practicirte als Augenarzt mit Erfolg in Livorno, bis er dem Brotneid der einheimischen Collegen weichen musste, und zog schliesslich nach Tunis.

Die Praxis in dieser Gegend ist gar nicht so sehr angenehm, insofern man mit Orientalen zu thun hat, denen unser Begriff der Noblesse völlig abgeht. Tunis könnte sich glücklich schätzen, einen tüchtigen Augenarzt zu besitzen; aber das Vorurtheil gegen Operationen ist riesengross.

Frau Dr. K., eine geistreiche, musikalische Dame, hat uns durch liebenswürdige Aufnahme zu grossem Danke verpflichtet. Drei nette Kinder zieren das Haus. Der Lehrer, Herr Dr. phil. v. B., war in Königsberg Jahre lang nierenleidend und ist in Tunis völlig gesund geworden.

Hier erlebten wir das zweite Concert in Afrika. Dieses war aber im europäischen Geschmack gehalten und bestand hauptsächlich aus Trios von BEETHOVEN und MENDELSOHN. Frau Dr. K. spielte den Flügel, auf der Geige begleitete der alte italienische Musicus von Tunis sowie sein junger Gehilfe. Nachher sang meine Frau einige Lieder von SCHUBERT und SCHUMANN. Der alte Italiener, der eine bedeutende musikalische Be-

gabung zu besitzen schien, lauschte den ihm unbekannten Melodien in stiller Begeisterung, langte plötzlich
seine Geige und begleitete voll Entzücken.

Freitag, den 14. März, fuhren wir nach Carthago. Jene Semiten, die eine lange Zeit erfolgreich
mit den Römern um die Weltherrschaft gerungen, verdienen gewiss das Interesse des Reisenden, der den
Spuren des Alterthums nachgeht. Leider ist so wenig
von ihnen bekannt, noch weniger erhalten. Carthago
ist dreimal recht gründlich zerstört worden [1], von den
Römern, von den Vandalen und von den Arabern.
Was bei der soliden Bauart, namentlich aus der römischen Zeit, doch noch übrig geblieben, haben die Tunesen fortgeräumt und zum Bau ihrer Stadt benutzt.
Man müsste Tunis zerstören, um die wirklichen Reste
von Carthago zu finden. Mit Stolz zeigt man im Bardo
und in anderen Palästen den Europäern die verbauten
Säulen aus Carthago, ohne zu ahnen, welche Empfindungen dadurch in uns wachgerufen werden. Stand
doch im 12. Jahrhundert, nach dem Zeugniss des arabischen Geographen Edrisi, und selbst im 16., zur Zeit
der spanischen Invasion, noch vieles aufrecht von den
öffentlichen Gebäuden des zweiten, römischen Carthago,
dessen Platz heute zu erkennen schon Mühe macht.

Wir liessen durch David einen Wagen und Kutscher für den ganzen Tag miethen; er nahm einen
Araber. Mit überlegener Miene füllte der Oberkellner
des Hotels unser wohleingerichtetes Esskörbchen mit
kaltem Fleisch, gekochten Eiern, Brod, Butter und

---

[1] 197 v. Chr. von Scipio, 439 n. Chr. von Genserich, 647 von
den Arabern.

einer Flasche Wein; denn in der Umgebung von Tunis
ist für Europäer nichts zu haben. Wir fuhren um 9 Uhr aus, längs der West- und
Nordseite des Bahirasees die alte Strasse entlang, die
erst ziemlich öde ist, dann zu kleinen Villen und Oliven-
pflanzungen führt. Die Olivenbäume sind eigenthümlich knorrig und gewunden, oft stellen sie Zwillings-
pflanzen oder zwei miteinander verschmolzene Stämme
dar; mitunter sind sie ausgehöhlt, so dass nur eine
schwache Randschicht des Stammes erhalten geblieben;
einzelne sollen schon über 2000 Jahre alt sein, Zeugen
der dreifachen Zerstörung des alten Carthago.
Wir kamen durch Getreidefelder zu einem elenden
Araberdorf Malka. Nichts ist erhalten von der dreifachen Mauer des punischen Carthago, die Raum zu
Stallungen für Hunderte von Elephanten und Tausende
von Pferden gewährte. Schon innerhalb ihrer Um-
grenzungslinie liegen die kümmerlichen Reste eines
römischen Amphitheaters sowie eines Circus, auch einer
römischen Villa. Ueber kleinere Baulichkeiten, deren
Trümmer den Namen Bad der Dido, Thermen des
Thrasamund führen, verlohnt es nicht, viele Worte zu
verlieren. Grossartig aber und ganz eigenthümlich sind
die Ruinen der Cisternen. Zwei Anlagen der Art
sind erhalten. Erstlich hier beim Dorfe Malka eine
Reihe von gewölbten unterirdischen Colossalbauten,
jetzt zu Viehställen, Getreidespeichern, Mühlen und
Familienwohnungen benutzt. Es sind sechs an der
Zahl. In der Nähe sieht man einige Reste der römi-
schen Wasserleitungsbögen.
Noch ungeheurer sind die anderen Cisternen
(Piscinen) innerhalb der ehemaligen Umwallung der

Altstadt, nahe am Meeresufer belegen. Diese stellen
die einzige noch wohlerhaltene Baulichkeit Carthagos
dar. Wenn sie aus punischer Zeit stammen, sind sie
jedenfalls romanisirt, denn sie haben ein Tonnengewölb-
dach.[1] Es sind 14 Reservoirs von je 100 Fuss Länge,
20 Fuss Breite und 30 Fuss Tiefe. Thürme an den
Ecken trugen Kuppeln, Kuppeln zierten die Mitte des
Gebäudes, dessen Gesammtlänge 400 Fuss, dessen
Breite 120 Fuss misst. Die Capacität berechnet sich
auf 25000 Cubikmeter Wasser. Versorgt wurden diese
öffentlichen Cisternen von dem Regenwasser, das aus
den sorgfältig gepflasterten Strassen der höheren
Theile der Stadt in Röhren hinabfloss. Als zur
römischen Zeit eine grosse Dürre diese Cisternen,
gegen welche sogar die Wasserfilter unserer Millionen-
städte klein erscheinen, trocken legte, liess Kaiser
Hadrian die Quellen des Berges Zaguan 132 Kilometer weit auf Bögen herbeiführen, das grösste Werk
der Art, noch länger als die Wasserleitungen des
kaiserlichen Rom. Noch heute steht ein mächtiger
Theil der Leitung südlich von Tunis, hinter Mohamedia, dieser jugendlichen Ruine, die erst 30 Jahre
alt ist. Hier lernt man die Solidität der römischen
Construction mit arabischem Kartenhausbau vergleichen.

Auf der Höhe des Burgberges von Carthago (Byrsa)
steht ein französisches Kloster, ein Seminar für
die afrikanische Mission. Die Patres gehen in morgen-
ländischer Kleidung, nur durch das Kreuz am Rosen-

---

[1] Diese Bemerkung, die sich auch dem Laien sofort aufdrängt,
wird, wie ich nachträglich gesehen, auch von den Gelehrten (Guérin)
getheilt.

kranz gekennzeichnet. Das Terrain ist schon unter Louis Philipp von dem damaligen Bey an Frankreich geschenkt worden. Es ist von einer Mauer umgeben und enthält die Kapelle des heiligen Ludwig, der bekanntlich nach seinem verunglückten Kreuzzug (1270) hier zu Grunde ging. Die Kapelle enthält nichts Bemerkenswerthes; die Statue des heiligen Ludwig ist unschön, das Innere des Gebäudes mehr als einfach.

Weit interessanter sind die Reste des Alterthums, die uns an diesem Tage nicht von dem langbärtigen, wenig gebildeten Pförtner, einem Holländer, mit Fez und langen weissen Burnus und grossem Rosenkranz, sondern von einem jungen, ähnlich gekleideten, jedoch weit gelehrteren Seminaristen gezeigt wurden. Zunächst sind an der Innenseite der Umfassungsmauern sehr zahlreiche Inschriften und Reste von Sculpturen eingefügt. Das meiste ist entschieden römisch, aber der Stil nicht rein, sondern etwas afrikanisch angehaucht. Das erkennt man am besten an einem sehr schön erhaltenen Mosaik, welches zum Theil sehr naturalistisch ein Gewimmel aller möglichen Wasserthiere, einschliesslich der Hummern und Rochen, darstellt. Am interessantesten ist das kleine Museum, welches ein strebsamer Pater seit einigen Jahren begründet hat; es füllt einen mässig grossen Saal aus. Höchst charakteristisch sind wieder die Mosaiken, die theils arabeskenähnliche, recht schön geschwungenen Linien, theils Thiere, namentlich Löwen und Vögel, darstellen. Sehr merkwürdig, wenn auch für uns schwer lesbar, sind die phönizischen Inschriften, die alten sehr schön geschrieben, die spätern weit roher.[1]

[1] Noch schönere phönizische Steintafeln sahen wir in den Museen von Palermo und Marseille.

Die Buchstaben nicht gar so sehr abweichend von der hebräischen Cursivschrift; die Sprache fast rein hebräisch. Alle, die MALTZAHN entzifferte, waren Votiv» tafeln und lauteten: „Der Herrin. Tanith, dem Angesicht Baals, und dem Herrn Baal Chamon (gewidmet von) N. Sohne des N. ... als er seine Stimme erhörte." Sie unterscheiden sich nur durch die Namen der Stifter.

Bei der Gelegenheit sei bemerkt, dass Hannibal „die Gnade des Baal" und Hamilkar „die Gnade des Stadtkönigs" (Melkarth) bedeutet.

Ausserordentlich zahlreich sind die kleinen Schmuck- und Gebrauchsgegenstände: Nadeln, Spangen, Ringe, Amulette und Kreuze. Bei den Lampen kann man leicht die heidnischen von den christlichen unterscheiden; die ersteren sind selbst bei einfachem Thonmaterial sehr schön geschmückt mit Köpfen oder Thieren u. s. w., die letzteren enthalten ein Kreuz oder das Monogramm Christi, zum Theil in einer etwas abweichenden Form. Die eigentlich punische Lampe ist aus Erz, viereckig, mit einem Brenner an jeder Ecke, an einer Kette hängend. Genau die nämliche Form, allerdings aus Blech, ist, wie wir selber in Tunis sahen, noch heute in Gebrauch. Die Münzsammlung zeigt auf den schönen, namentlich goldenen Exemplaren das carthagische Pferd. Bekanntlich berichtet schon Virgil, dass bei der Gründung von Carthago ein Pferdehaupt in der Erde gefunden wurde, welches Juno den Gründern zeigte. Auch das Zeichen der Fische kehrt häufig wieder; der Astarte heilige Fische wurden in Carthago gepflegt. Viele der carthagischen Münzen sind offenbar mit griechischer Hülfe hergestellt.

Der Säulenhof des eigentlichen Klostergebäudes

ist geschmacklos. Die Säulen haben jene schrauben-
förmige Kannelirung, die auf Gemälden der italienischen
Klassiker dem salomonischen Tempel zugeschrieben
wird. Gleich unterhalb der Kapelle sind Reste alter
Gebäude blosgelegt. Der Führer spricht vom Tempel
des Äsculap. Allerdings stand ja auf dem Burghügel
von Carthago der gewaltige auf einem Unterbau von
60 Stufen ruhende Tempel des Heilgottes. Aber was
wir sahen ist wegen der Kuppelwölbung römisch und
dürfte zur Wohnung des römischen Prätors gehört
haben.

Beim Ausgang zeigte uns der bescheidene Kloster-
bruder eine kleine Sammlung von Drucksachen und
Photographien, die zum Nutzen der Kapelle verkauft
werden. Ich erstand einen kleinen Führer durch
Carthago, welcher den Druckvermerk „Carthago 1878"
zeigt und mit Caillot's Plan der alten Pöner-Stadt
versehen ist. Sehr gut haben es die heiligen Väter
verstanden, dem Leser abwechselnd einen Esslöffel
Alterthumswissenschaft und einen Theelöffel Frömmig-
keit einzuflössen. Precär ist der Versuch einer Ehren-
rettung des heiligen Ludwig; denn nach historischem
Zeugniss hat er vertragsbrüchig die Muselmänner im
tiefsten Frieden angegriffen.

Nachdem wir noch einen letzten Blick auf die
schönen Palmen des Klostergartens und die zu Ehren des
heiligen Ludwig gepflegten Lilien geworfen, nahmen wir
draussen vor der Umfriedigung des Klosters unser Frühstück ein, die carthagischen Gefilde vor unseren Augen.
Gesättigt und milde gestimmt, wollten wir von unserem
Ueberfluss dem Führer und dem Kutscher, die sich
nur schlecht versorgt hatten, abgeben; aber Hebräer

und Muselmann witterten Schwein und zögerten lange, bis wir sie genügend beruhigt hatten.

Die Aussicht von der Höhe der Byrsa ist immerhin interessant zu nennen; allerdings wird die Stimmung gehoben durch die Idee Carthago vor sich zu sehen. Manches ist Illusion. Unmittelbar an der Küste hat man zwei kleine Wasserbecken neuerdings ausgegraben resp. vertieft und mit dem Meere verbunden und so ungefähr die Gestalt, wenn auch nicht die Grösse des alten Handels- und Kriegshafens (Kothon) von Carthago wieder hergestellt. Aber das ganze Meeresufer hat seine Gestalt geändert, die Quais von Carthago liegen jetzt entfernt vom Ufer unter dem Wasserspiegel — während der Hafen von Utica in sumpfigen Wiesengrund 2 Stunden vom jetzigen Meeresgestade abliegt. Die Araber hatten den Hafen von Carthago verschüttet; der Golf von Goletta ist versandet und noch mehr der See von Bahira, [1] der ganz gewiss den Carthagern, wenigstens für kleinere Schiffe, gleichfalls als Hafen gedient haben mag

---

[1] Der arabische Geograph EDRISI bemerkt, dass dieser See von Menschenhand gegraben sei, sagt aber nicht, wann dies geschehen. TCHIHATCHEF schliesst sich dieser Ansicht an, weil es beim Polybius heisst: *iuxta lacum est Tunes.* Dies scheint mir kein zwingender Beweis zu sein; der Salzsee el Seldschumin ist klein und ferner von Tunis; der andere el Bahira näher zur Stadt und auch etwas zu gross, um zu einer uns unbekannten Zeit von unbekannten Leuten ausgegraben zu sein. Nach MOMMSEN, dessen Treue in der topographischen Beschreibung wir gerade hier zu bewundern Gelegenheit hatten, wurde die Südseite Carthago's theils vom seichten tunesischen See, theils von dem offenen Golf bespült. Endlich spricht der Name el Bahira, d. h. kleines Meer, gegen ein Werk von Menschenhand; und der auf antiquarischem Gebiet so gründliche MALTZAHN erwähnt nicht einmal EDRISI's Meinung, wenn er in el Bahira das *Stagnum marinum* der Alten wiederfindet.

Soweit das Auge schweift, ist von dem eigentlichen Carthago nichts mehr zu sehen. Felder reichen bis zum Meeresrand, den die Villen und Gärten der maurischen Grossen umsäumen. Gerade zwischen unserem erhöhten Standpunkt und dem Pseudohafen waren einige Arbeiter mit Ausgrabungen beschäftigt, auf die ich noch zurückkommen werde. Das Panorama, das theilweise auf einer hübschen Photographie dargestellt ist, die wir in Tunis erstanden, umfasst im Norden das unendliche Meer und näher heran die Höhe von Qamart, wo die Todtenstadt des alten Carthago gewesen; im Nordosten das Cap Sidi-Bu-Said, noch heute Carthagena genannt; im Osten der Hafen von Goletta mit einem halben Dutzend kümmerlicher Schiffe und einigen Böten; nach Süden reicht die Landzunge oder Halbinsel von la Goletta hinüber bis Hamam-en-Lif und dem zweigehörnten Berg Dschebl el Kornein. Hinter dem Bahirasee wird fern am Horizont das weisse Tunis sichtbar sowie die ganze Bergkette, die schliesslich in Cap Bona, das letzte Ende des Atlasgebirges, ausläuft. Wir erstiegen auch ein altes, gänzlich verlassenes Fort an der Meeresküste mit alten, verrosteten Kanonen, die wohl den Transport nicht verlohnten, und mit entzückend schöner Aussicht auf den Golf.

Sodann fuhren wir nach dem Ort Sidi-Bu-Said an der Meeresküste, einst zur Vorstadt von Carthago gehörig; jetzt ein Sommersitz wohlhabender Tunesen und höchst frommer Muselmänner. Nur ein Europäer darf hier wohnen. Viele Leute tragen den grünen Turban, welcher allein den Mitgliedern der Familie des Propheten gestattet ist. Man sah uns stumm, aber nicht

sehr freundlich an; allerdings wurden die Mienen etwas
liebenswürdiger, als wir später zum zweiten und zum
dritten Male wiederkehrten.

Der Ort besteht abwechselnd aus kleineren Häusern und grösseren Villen. Die letzteren, mit ihren
hochgelegenen Veranden und Loggien, sehen gar nicht
so übel aus; allerdings ist der den Frauen reservirte
Theil der Wohnung durch grüne Holzjalousien und
festvergitterte Fenster wohl verwahrt. Zwischen neuen
und noch im Bau begriffenen Häusern — der Transport der Baumaterialien geschieht auf Eseln; die Maurer
lassen sich noch mehr Zeit als bei uns! — und später
zwischen mächtigen, ja geradezu undurchdringlichen
Hecken baumartiger, auch fruchttragender Cacteen (in-
discher Feigen) stiegen wir die hügelige Strasse empor
zu der Höhe des Faro, dessen Feuer uns später noch
einmal eine so schmerzliche Enttäuschung bereiten
sollte.

Ob die Phönizier hier schon ein Feuerzeichen für
ihre Schiffe hatten, weiss ich nicht zu melden. Die
tunesischen Seeräuber werden gewiss durch verabredete
Signale ihre Einfahrt gesichert haben. Der alte Leucht-
thurm war von Holz und ist einfach umgestürzt worden und liegen geblieben, als man vor etlichen Jahren
einen neuen aus Stein dicht daneben aufrichtete und
mit einer kleinen FRESNEL'schen Lampe versah. Der
Thurmwächter, der wohl weniger Besuch erlebt als
ihm lieb ist, hatte uns von weitem erspäht und seine
Uniform angelegt. Er führte uns hinauf und versuchte
sogar, den Mechanismus der Drehlampe, wenn auch
nicht zu expliciren, dazu waren unsere beiderseitigen
Sprachkenntnisse nicht ausreichend, so doch zu demon-

striren. Wir hatten aber wenig Sinn für diese bekannten Dinge, da wir von dem Anblick des Golfes
ganz hingerissen wurden.

Ich war durch Gr. C. gerade auf diesen Punkt[1]
aufmerksam gemacht worden, erwartete viel, fand aber
noch mehr. Das tiefblaue, unendliche Meer vor uns
war von einer Einsamkeit wie hinter uns die unendliche Wüste Sahara. Kein Schiff belebte seine Wogen,
nicht einmal ein Fischerboot war an seinen Küsten
sichtbar. Steil fällt das Ufer hier 400 Fuss tief in
das Meer hinab. Die Häuser von Sidi-Bu-Said mit
ihrer weissen Tünche, den sparsamen, kleinen Fenstern,
den platten Dächern[2] machen von hier aus den Eindruck einer Todtenstadt. Der Blick schweift von Cap
Farina im Norden bis zum Cap Bona im Süden über
den ungeheuren Golf, der hier fast geschlossen aussieht; so nahe rücken die geschweiften Züge der beiden
Vorgebirge aneinander. Im Norden erblickt man den
salzigen Landsee Sebcha el Ruan (oder Huan), der
früher mit dem Meere zusammenhing, im Süden el
Bahira und die Stadt Tunis. Hier überschaut man auch
die ganze Halbinsel zwischen la Goletta und Qamart,
welche die alten Carthager nach der breiten Landseite
zu durch die berühmte dreifache Mauer abgesperrt
hatten.

Wir gewannen diesen Aussichtspunkt so lieb, dass
wir wiederholt hierher zurückkehrten. Einmal fand ich
zwei deutschredende russische Maler dicht unterhalb

---

[1] Den TCHIHATCHEF merkwürdiger Weise nicht besucht hat.

[2] Für die auf den platten Dächern sich kreuzenden flachen
Tonnengewölbe hat vielleicht die Bedachung der grossen Cisternen
am Meere als Muster gedient.

des Gipfels, die zum Staunen der Maurenknaben in Wasserfarben die Landschaft skizzirten: sie wussten nicht, dass sie wenige Schritte vom schönsten Aussichtspunkt Nordwestafrika's entfernt seien! Für unsere Stimmung war es sehr vortheilhaft, dass wir erst Tunis, dann Sicilien, endlich Neapel besuchten. Der Golf von Carthago ist schön, der von Palermo schöner, der von Neapel am schönsten. Aber man will alles sehen, nicht blos das schönste, sonst würde für den, der die schweizer und tiroler Seen kennt, der Besuch der irländischen und schottischen überflüssig sein.

Sidi-Bu-Said, d. h. Herr Bu-Said, bedeutet den heiligen Ludwig, der nach arabischer Legende Mohamedaner geworden und noch dazu ein Heiliger und hier seine Tage beschlossen habe. Eine wunderliche Sage.

Wir fuhren von diesem Ort nach Marsa d. h. Hafen.[1] Es sind dies die gartenreichen Gefilde zwischen den beiden Höhen Cap Carthagena und Cap Qamart. Hier wohnen europäische und maurische Grosse. Die letzteren führen zum Theil für uns merkwürdige, alttestamentliche Namen; General Elias, General Zacharias wurden uns namhaft gemacht. Die mit grünen Jalousien geschmückten Häuser steigen staffelförmig verjüngt empor; auf einem breiten Unterbau von zwei Stockwerken sitzt ein schmaleres drittes und darauf ein ganz schmales viertes. Ganz oben auf dem platten Dach werden wohl die Damen Auslug halten.

---

[1] Marsâla, der berühmte Weinfabrik-Ort auf Sicilien, wo GARIBALDI mit seinen Tausend landete, heisst Hafen Gottes.

Das Schloss des Bey zu Marsa hat einen geräumigen Vorhof. Auf der einen Seite steht eine Kaserne mit trophäenartigem türkischem Waffenschmuck über dem Eingang. Auf dem Hofe selbst tummeln sich Antilopen und Strausse. Ein hübscher, bronzefarbener Soldat stand als Schildwache. Wir beschlossen, den Eingang in den Palast, wenn irgend möglich, zu erzwingen und trugen dem wachthabenden Officier kühnlich auf, unsere Visitenkarten dem commandirenden General zu überbringen. Aber es half uns nichts, „die Damen promenirten im Garten"; wir mussten uns in dem arabischen Café des Ortes trösten, wo uns das Getränk in Doppeltassen servirt wurde, und wo ich zum ersten Male eine Silbermünze des Bey heraus bekam. Sie sollte einen Franken gelten; ich wunderte mich fast, dass der Kellner in unserem Hotel sie als Trinkgeld nahm.

Jetzt fuhren wir nach Tunis zurück und schnell, ehe es zu spät wurde, zum Bardo, dem alten, jetzt leer stehenden Palast.

Derselbe liegt nordwestlich von Tunis, $^3/_4$ Stunden vor dem Thor. Auf diesem Wege kamen wir an der grossen Artilleriekaserne vorbei, die natürlich jetzt von den Franzosen occupirt ist, und fuhren unter den Bögen der spanischen Wasserleitung [1] durch.

Obwohl der Palast nicht mehr vom Bey bewohnt, und das ganze Gewühl der umgebenden Kramläden verödet ist, bedarf man doch noch einer arabischen Einlasskarte (Amr-el-Bey), die uns der Generalconsul eingehändigt hatte.

---

[1] Nach Andern ist sie byzantinischen Ursprungs.

Der Bardo ist ein sehr grosses, aber höchst geschmacklos zusammengeflicktes Gebäude. Auf dem
Vorplatz steht eine Bronze-Fontaine. Der Eingang ist
festungsartig. Auf dem Vorhof sind ein paar Kanonen
aufgepflanzt. In einem Winkel des Umfassungsgrabens
wiegt sich ein einsamer, hoher, wunderschöner Palmbaum.
Wir schreiten durch einen langen, öden Gang
zwischen Kasernen und Buden, die grossentheils leer
stehen, kommen nach einem Hof, dann nach einem
zweiten, wo die grünen Holzjalousien und vergitterten
Fenster den ehemaligen Ort des Harem ankündigen.
Alles ist öde. Endlich gelangen wir auf den berühmten
Löwenhof. Auf einer Treppe, die zu dem eigentlichen Palast emporführt, sind acht kleine, noch dazu
verschieden grosse katzenähnliche Bestien aus Marmor
(wohl italienischer Arbeit) aufgestellt. Sie machen einen
durchaus lächerlichen Eindruck und contrastiren lebhaft
mit den schönen Arkaden, welche den Hof einfassen.
Die monolithen Säulen sind aus Carthago entwendet;
sie tragen schwarz-weisse arabische Rundbögen; an ihrer
Innenseite sind die herrlichsten Stuckarabesken zu bewundern. Die Wände der Colonaden und der daran
grenzenden Räume sind mit den schönsten Glasurziegeln
tapezirt, die alle von einander verschieden sind und .
doch harmonisch zusammenwirken.

Ein baumlanger Soldat empfängt uns und führt
uns durch die kahlen Räume in den Thronsaal. Der
Thron ist leider sehr defect, ebenso die verschlissenen
Sophas für die Minister; aber herrlich ist der Säulen-
schmuck des dreischiffigen Saales und die Marmor-
mosaik seiner Wandungen. Riesengross, jedoch in Pariser
Ungeschmack decorirt, mit zahlreichen, leider schlecht

ausgeführten Gemälden europäischer Fürsten geziert
ist der Empfangssaal, dessen Boden ein ungeheurer,
aber ganz zerrissener Teppich deckt. Sehr schön,
jedoch verfallen ist der Crystall-Saal, von dem aus
man eine herrliche Aussicht über die Gegend hat.
Merkwürdiger Weise schien man — mit Reparaturen
beschäftigt! Sonst pflegt in Tunis nichts, was zer-
brochen ist, reparirt zu werden; dies gilt auch für die
Schränke, Spiegel und Uhren unseres Hotels.

Wir fuhren zurück durch die belebten Strassen
von Tunis und ruhten nach dem Abendessen sanft von
dem inhaltreichen Tagewerk aus.

Sonnabend, den 15. März. Des Vormittags
gingen wir nach dem Bazar. Des Nachmittags machten
wir im Wagen in Begleitung des Generalconsuls einen
Ausflug nach Manuba, einem Villendorf, südlich von
Tunis am Meeresgestade belegen. Hier wurde unser
Wunsch erfüllt, die märchenhaften Paläste und Gärten
der maurischen Grossen, von denen man allenfalls
in CERVANTES' Don Quixote gelesen, wirklich durch
eigene Anschauung kennen zu lernen.

Allerdings war der Palast, den wir zu sehen bekamen vollständig leer. Er gehörte einem von des
Generalconsuls Freunden, der aus Missvergnügen über
die politischen Zustände seines Vaterlandes sich in
Constantinopel niedergelassen hatte.

Das Haus ist vollkommen neu, noch gar nicht
bezogen, sehr imposant, von aussen ganz europäisch.
An die mächtige, mit Fliesen ausgelegte Flurhalle
stossen grossartige Küchen- und Wirthschaftsräume.
Die Wohnräume sind im ersten und zweiten Stock,

natürlich für Mann und Frau (resp. Frauen) ganz gesondert. Der Garten ist sehr geräumig und stellt einen wahren Orangenhain dar. So billig auch die Südfrüchte hier sind, so zahlt man doch, je nach dem Jahr, 3000—8000 Frcs. Pacht für die Ernte. Wir sahen einen Orangenbaum, der nicht besonders hoch war und etwa die Hälfte eines kleinen Zimmers mit seinen Zweigen füllen würde, buchstäblich beladen mit den goldigen Früchten. Der Pächter, zur Stelle gerufen, erklärte als Sachverständiger, dass der Baum über 1000 Früchte trage.

Noch grösser ist der Garten des früheren Premierministers MUSTAPHA BEN ISMAEL und ganz und gar mit Citronen, Orangen und Cypressen bestanden. Hier sahen wir die Gewinnung des Palmweins. Die Dattelpalme wird am oberen Ende des Stammes angezapft und ein grosses Gefäss unter der Oeffnung befestigt; über Nacht fliesst dann eine beträchtliche Menge (viele Liter) einer trüben Flüssigkeit aus. Der Baum geht danach häufig ein oder bleibt doch für Jahre unfruchtbar. Der ganz frische Palmwein, der uns hier credenzt wurde, schmeckt fade und ein wenig süsslich, wie eine ganz matte Limonade. Die Flüssigkeit gährt rasch und ist am folgenden Tage angeblich trinkbar. Später schlägt sie um und wird zu einem wenig schmackhaften eiweisshaltigen Essig, wie wir es fanden, da die vom Generalconsul uns freudlichst übersendeten zwei Flaschen leider 24 Stunden zu spät in meine Hände gelangten. Mir mundet deutsches Bier besser als afrikanischer Palmwein. Für letzteren wird Niemand schwärmen, der dem Grundsatz huldigt: Trink was klar ist.

In diesem Garten lernten wir auch die in

Afrika, ebenso wie in Sicilien und Unteritalien, ja
bis nach Rom hin übliche Weise der Bewässerung
kennen.

Auf einem so durstigen Boden, wie der afrikanische ist, der, abgesehen von der Winterszeit, so selten
durch einen Regenguss erfrischt wird, hängt die ganze
Cultur von der Bewässerung ab. Vielleicht übt man
hier schon seit Jahrtausenden dieselbe Methode. Eine
schmale, aber tiefe Cisterne wird gegraben und aus-
gemauert; sehr gewöhnlich in der Nähe des Wohn-
hauses, so dass auch das Regenwasser von dem platten
Dach ¹ durch Röhren hineingeleitet werden kann.

In der Cisterne bewegt sich ein senkrecht stehen-
des Holzrad um eine horizontale Axe und trägt eine
Reihe von kleinen Eimern, die an seinem Umfang so
angebracht sind, wie etwa an einer Baggermaschine.
Der Eimer wird unten im Wasser der Cisterne halb
gefüllt und dann durch die Drehung des Rades empor
gehoben, um, wenn er den oberen Scheitel seiner
Bahn erreicht hat, seinen Inhalt in einen Canal zu er-
giessen, der immer weiter sich verzweigend das ganze
Terrain ² bewässert. Die Bewegung des senkrechten
Rades wird bewirkt durch Drehung eines zweiten, das
wagerecht steht, in das erstere eingreift und mit zwei
grossen hervorragenden Speichen versehen ist. An die
eine wird das Zugthier angeschirrt, ein Kameel oder
Maulthier, das mit verbundenen Augen im Kreise umher-

---

¹ Das Dach ist am Rande erhöht und durch flache Halbrinnen,
die nach oben convex wie Tonnengewölbe vorspringen, eingetheilt.

² Für grössere Aecker oder Gärten sind zwei und mehr Schöpfräder nöthig. In Sicilien sah ich auch die Hauptcanäle in oder an
den Umfassungsmauern der Grundstücke.

trabt, und, wenn es einmal im Gange ist, ohne Erlaubniss des Herrn nicht wieder aufhören kann, da der
zweite Hebel mit einer Schnur an seiner Nasenscheidewand befestigt ist, so dass das Thier im Moment, wo
es stille stände, wegen der Schwungkraft des Rades
eine schmerzhafte Zerrung verspüren würde.

Diese Bewässerung geschieht zeitweise, nach Bedürfniss des Ackers und mit Rücksicht auf den Wasser-
vorrath, und ist hier in Nordafrika, wo weder Brunnen,
noch Quellen, noch Flüsse reichlich vorhanden sind,
jedenfalls sehr rationell zu nennen.

An demselben Tage lernten wir auch einen maurischen Grossen kennen, Herrn MOHAMED [1] BEN MUSTAFA
CHASNADAR, Divisionsgeneral — und privilegirter Allein-
besitzer aller antiken Kunstwerke, die in der Regentschaft Tunis ausgegraben werden. [2] Er wollte uns seine
Sammlung zeigen, doch war es schon zu spät. Sein
Privileg nützt ihm übrigens gar nichts mehr; die Franzosen graben aus, was ihnen beliebt, voran der Erzbischof, und senden es nach Paris. Ich sah im Louvre
einen neu aufgestellten Venustorso aus Tunis.

Da die Damen des Hauses bereits ihre Gemächer
aufgesucht, war es uns vergönnt, mit dem Herrn
General im Garten zu lustwandeln. Seine Begleitung
bestand in seinem Bruder; einem kleinen Knaben, dem
Sohn einer Dienerin; einem riesengrossen, wohlbeleibten,
leidlich gebildeten Neger, mit silbernen Ringen auf den

---

[1] Sprich Mochámmet. Die Wüste heisst Sáchara. Wegen der
vielen Hauchlaute klang uns das tunesische Arabisch nicht angenehm.

[2] Es ist derselbe, der dem Freiherrn VON MALTZAHN in seinen
antiquarischen Studien so wenig Entgegenkommen zeigte.

Fingern und überhaupt sehr geschmückter Kleidung,
dem Chef der Eunuchen des Hauses.[1]

Der General, in europäischer Kleidung, aber den
Fez auf dem Haupt, unterhielt sich in flüssigem Französisch recht angenehm mit uns. Allerdings waren
wir durch die Begleitung unseres Generalconsuls, der
bei allen Einheimischen eine unbegrenzte Verehrung
geniesst, genügend empfohlen.

Der Garten war sehr geräumig, aber offenbar
wenig gepflegt; man merkt die Nachwirkung der politischen Erschütterungen selbst bei den Grossen des
Landes.

Auf der Rückfahrt stellten wir fest, dass Tunis,
diese langgestreckte Stadt, doch der Breite nach zu
Wagen in 15 Minuten durchmessen wird; die Richtung
ist nicht einmal gradlinig; und grosse Strecken innerhalb der Umfassungsmauern sind unbebaut.

Nach dem Abendessen zog sich meine Frau zurück;
ich selber brach mit E. auf, um das abendliche Publikum
eines arabischen Café zu besichtigen. Der Generalconsul hatte unserem DAVID eingeschärft, uns ja in
eines der hervorragenden Locale zu geleiten. Diese
liegen am anderen Ende der Stadt in der Nähe der
Kasbah; und das eigentliche Tunis entbehrt noch ganz
und gar der nächtlichen Beleuchtung.

---

[1] „Die Sclaverei ist in Tunis seit einem halben Jahrhundert ver-
boten. Wohl liessen die tunesischen Vornehmen noch von Zeit zu
Zeit Eunuchen oder Haussclaven durch ihre Freunde oder Agenten
aus Tripolitanien kommen; doch niemals werden dieselben wieder verkauft, oder diejenigen, welche einen Hausstand begründet hatten, verhindert, sich vollständig zu emancipiren." NACHTIGALL.

Sowie ein Europäer Abends den Börsenplatz am Seethor betritt, kommt ein freundlich grinsender Araber mit einer grossen Laterne und erbietet sich, den dunklen Pfad zu erhellen. Da der Grossstädter in diesem Anerbieten Bauernfang wittert, — vielleicht mit Unrecht! — so wird der Lichtspender kurzweg abgewiesen. DAVID selber war, trotz der Trinkgelder, zu ökonomisch und vielleicht auch zu stolz auf sein Führertalent, um eine Laterne mitzunehmen.

So tappten wir langsam durch die mangelhaft gepflasterten Strassen. Die Dunkelheit wurde nur hier und da durch einen schwachen Lichtstrahl unterbrochen, der hinter dem Vorhang eines Café oder einer Bude hervorleuchtete. Selbst der matte Schimmer des nächtlichen Himmels war durch die zahlreichen Wölbungen und Bedachungen der Strasse abgeschnitten. Alle zwei Minuten ermahnte uns DAVID, nicht in dieses oder jenes Loch der Strasse zu treten.

Da wegen der krummen Richtung der Gassen ein gradliniges Fortschreiten in bestimmter Richtung nicht möglich, so riss uns endlich die Geduld. Wir verzichteten auf Märchenerzähler, die wir schon einmal auf der Strasse gesehen, und auf Haschisch-Raucher, die sich überhaupt nicht gern vor Fremden sehen lassen, und verlangten in das nächste grössere Café geführt zu werden. Wir traten in ein grosses scheunenähnliches Gemach, wo auf langen pritschen-artigen Holztischen die Tunesen sassen und lagen, Kaffee schlürften, Cigaretten rauchten und sich in ein recht würdevolles Schweigen hüllten.

Der Europäer, welcher hochmüthig auf diese Mohamedaner herabblickt, thut ihnen Unrecht. Sie besitzen eine Art von höflicher Zurückhaltung, welche in unseren Metropolen der Intelligenz den niederen Classen abgeht. Von einem aufwartenden Jungen wurden uns schnell Holzstühle gebracht und der schwarze Trank credenzt. Nachdem wir ihn geleert, die Einheimischen angestarrt und den billigen Preis von 10 Centimes für die Tasse entrichtet, traten wir den Rückweg an, um eine Erfahrung reicher, um eine Illusion ärmer.

Auffallend ist die Sicherheit in Tunis. Welcher Fremde würde eine Stunde durch Neapels Gassen des Abends wandern, wenn es keine Strassenbeleuchtung gäbe? Ja, wie viele Berliner würden, wenn Nachts plötzlich in einem gegebenen Moment die sämmtlichen Laternen erlöschten, sich aus dem Hause wagen? Wir haben in Tunis nicht einen Schatten von Unsicherheit wahrgenommen und der Revolver kam nur einmal später in Action, — um ein Echo wachzurufen. Bei der Trennung vor unserem Hotel fasste sich David ein Herz und fragte uns, ob es wirklich wahr sei, dass Europas Städte Nachts in hellem Lichte strahlten; und als wir die Frage bejahten, sagte er seufzend, dass er — auch gern einmal eine solche Stadt sehen möchte.

Den Rest des Abends brachten wir, einer Einladung folgend, bei Dr. K. zu. Der Generalconsul war auch zugegen, ferner eine französische Familie mit einer Violine spielenden Tochter, sowie die beiden italienischen Musiker. Wäre nicht der englische Consul verhindert gewesen, so war die babylonische Sprachverwirrung voll, da mit Ausnahme der Deutschen Jeder nur seine Muttersprache redete. Man wusste auch nicht recht, trotz der freundlichen Aufnahme, welchen Ton man anschlagen sollte. Die internationale Bedeutung der Musik trat hier recht deutlich hervor. Wir erlebten unser drittes und letztes Concert in Afrika und gingen gegen Mitternacht, die letzten Gäste aber viel später. Sonntag, den 16. März. Vormittags durchstreiften wir wiederum die Bazare, dieses Mal schon ohne Führer, bis zum Palaste des Bey. Nebenan befindet sich die Druckerei des officiellen Journal von Tunis, das einen Bogen stark wöchentlich einmal in französischer wie in arabischer Ausgabe erscheint und dessen Moniteurstil in komischer Weise mit dem traurigen Verfall der tunesischen Zustände contrastirt. Wir traten in das Redactionslocal, um zum Andenken an Tunis eine arabische Zeitung zu erwerben. Das muss dem Redacteur, Herrn EL HADJ HASSEN, wohl noch nicht passirt sein. Staunend sprang er von seinem Sitze auf, gab uns das Gewünschte, wollte aber durchaus keine Bezahlung dafür nehmen. Herr HASSEN ist offenbar (wie in jener glücklicken Zeit der Jugendblüthe des Buchdruckereigewerbes) Verfasser, Setzer, Corrector und Drucker des ganzen Journals; allerdings stellte er uns mit Genugthuung seinen Sohn als Gehilfen seiner Arbeit vor. Hr. HASSEN ist auch, trotzdem er, wie der Beiname HADJ besagt, nach Mekka gepilgert, offenbar ein Freund der Franzosen; sonst würden ihn diese gewiss nicht angestellt haben, nachdem sie mit übertriebenem Eifer ein anderes arabisches Journal, das angeblich in franzosenfeindlichem Sinne redigirt worden, unterdrückt hatten. Hr. HASSEN ist auch ein grosser Gelehrter und mit der diesem Stande eigenthümlichen Eitelkeit genügend ausgestattet. Mit Stolz wies er uns einen Artikel über das Schaltjahr in der letzten Num-

mer seines Journals, kramte Kenntnisse aus von der
Constitution des deutschen Reiches und beehrte uns mit
mehreren Exemplaren des von ihm in französischer
Sprache herausgegebenen K a l e n d e r s von T u n i s, in
dem übrigens die Behörden und der Verwaltungs-
mechanismus der Regentschaft genau verzeichnet sind.
Sein Französisch war recht fliessend, nur ein wenig
rauh durch Gutturaltöne. Seine Gestalt lang und hager;
seine zwinkernden Augen von der auf die Nase herab-
geglittenen Lesebrille halb bedeckt; sein Bart grau und
spitz; sein Leib in einen graurosa schlafrockähnlichen
Kaftan gehüllt, dessen ursprüngliche Farbe allerdings
nur noch an den Ueberschlagsstellen hervortrat, da
die Sonne seines Heimathlandes ihre bleichende Wirkung schon zu lange auf ihn hatte einwirken lassen.
Gegen uns war Hr. Hassen sehr freundlich. So oft er
von seinem Fenster aus uns auf der Bank des Square
erblickte, trat er grüssend heran. Er versprach mir
sogar, in seinem Organ hygienische Artikel zu bringen;
seine Landsleute darauf aufmerksam zu machen, dass
es nicht zweckmässig sei, Schulen in dem Winkel einer
Scheune anzubringen, und dass die so zahlreichen
Augenleidenden in Tunis bei dem deutschen Arzt sach-
kundige Hilfe finden könnten. Ob er sein Versprechen
gehalten?

Nachmittags fuhren wir mit der Eisenbahn nach
dem B a d e Hamam-en-Lif. Der Bahnhof, den Franzosen gehörig, befindet sich in dem öden, noch nicht
ausgebauten Theil der Frankenstadt am Südende von
Tunis. Das Bad liegt südöstlich von der Hauptstadt,
fast in der Mitte des Golfes von Tunis; es ist eine
salz- und schwefelhaltige Therme, die offenbar den

Römern schon bekannt gewesen. Noch kräftiger soll das Bad Hamam Borgos sein. Hr. Dr. NACHTIGALL hat in seiner früheren Praxis recht gute Wirkung von beiden gesehen. Vielleicht hat Tunis eine Zukunft als klimatischer Cur- und Badeort; doch sind noch weitere Vorstudien und Einrichtungen nothwendig. Die Hauptquellen befinden sich in dem hochragenden, dem Bey gehörigen Palaste, der mit seinem Rücken an einen Hügel lehnt, an seiner Vorderseite unten fensterlos ist, oben die bekannten grünen Jalousien zeigt. An der Pforte wurde uns der übliche Bescheid, dass es leider ganz unmöglich wäre, uns den Eintritt zu verstatten, da gerade der Bey mit seinen Damen sich im Hause befände. Wir mussten uns mit der Betrachtung einiger kleiner Privatbäder begnügen. In einem unerträglich heissen Raume sah ich im schwarzen Wasser einen schwärzlichen Menschen liegen.

Etwas einladender sind an der nahen Küste die Seebäder, die auch schon von den Römern benutzt wurden. Der ziemlich breite Landstreifen zwischen dem Ort und der Küste war im Jahre zuvor Lagerplatz eines Zuavenregiments gewesen; aus Langeweile und anderen Motiven hatten die Soldaten einen Gemüsegarten geschaffen und dabei dicht unter der Oberfläche des Wiesengrundes die Mosaikfussböden und Fundamente einiger römischer Villen vollkommen freigelegt, ja sogar zwei ausgegrabene kleine Granitsäulen wieder aufgerichtet.

Leider geschieht gar nichts zur Erhaltung dieser Dinge. Von den europäischen Besuchern bricht, wer will, ein Stück aus dem hübschen Mosaikfussboden heraus, der wahrscheinlich bald wieder vom Erdboden

geschwunden sein wird. Als ich den Pariser Archäo-
logen, der die Ausgrabungen zu Carthago leitet, auf
diese Räubereien aufmerksam machte, sagte er kalt-
blütig, dass er von diesen Mosaiken schon — die Zeichnung besitze.

Am Abend leisteten wir einer freundlichen Einladung des Generalconsuls Folge, meine Frau in
braunseidenen Gesellschaftsanzug, ich selber in Frack,
Lack und Claque. Uns empfing Frau Oberbürger-
meisterin G., welche die Honneurs im Hause macht.
Wir trafen Herrn und Frau Dr. KUNITZ sowie
Herrn Dr. QUEDNAU, welcher berufen ist, während der
jetzigen Abwesenheit des Generalconsuls dessen Stelle
zu vertreten.

Es ist gewiss nicht leicht, in Tunis ein europäisches
Diner serviren zu lassen. Der Koch ist ziemlich kost-
spielig, ein verheiratheter Muselmann, der an jedem
Tag sofort nach Fertigstellung des Mittagessens das
Haus des Herrn verlässt.

Das Diner war luxuriös, die Weine vortrefflich,
der Generalconsul wie immer höchst liebenswürdig;
zum Schluss wurde ein wahres Labsal, echt bayrisches
Bier in vortrefflicher Conservirung, herumgereicht.

Montag, den 17. März. Jeden Montag geht,
wie wir vorsorglich schon von Berlin aus in Erfahrung
gebracht und zu Marseille uns hatten bestätigen lassen,
ein Dampfer der transatlantischen Gesellschaft direct
von la Goletta nach Palermo, in etwa 16 Stunden.
Trotz HESSE-WARTEGG ist genügend bekannt, dass die
französischen Dampfer den italienischen bei weitem
vorzuziehen sind.

Schon hatten wir unsere Rechnung bezahlt und
waren eben im Begriff das — theure Hotel zu verlassen,
als der Director desselben herbeieilte, um uns mit-
zutheilen, dass der Dampfer, der um 3 Uhr Nachmittags
abgehen sollte, überhaupt noch nicht auf der Rhede
von la Goletta erschienen, dass also eine programm-
mässige Abfahrt gar nicht denkbar sei; in Anbetracht
dessen wolle er uns vorläufig noch unsere Zimmer
reserviren.

Wir eilen nach dem Comptoir der transatlantischen
Gesellschaft, einen Weg, den wir noch recht oft in den
nächsten Tagen durchmachen sollten. Der Director,
ein recht freundlicher Herr, übrigens ein geborener
Amerikaner, bestätigt die Nachricht; das Schiff,
— welches den ominösen Namen Désirable führte, —
habe wegen eines Sturmes, (von dem wir allerdings
in Tunis nichts gemerkt) zu Gabes nicht landen
können und sei deshalb im Curs verzögert. Sobald
Nachricht gekommen, werde er sie in den beiden Hotels
anschlagen lassen.

Wir lassen also unsere Koffer wieder in's Zimmer
schaffen; halten den grösseren reisefertig, da wir schon
für den Abend frohe Botschaft erhoffen, und finden
gerade noch Zeit, uns an den Frühstückstisch zu setzen.

Nachmittags fuhren wir nach Sidi-Bu-Said, wir beide,
E. und Frau Dr. Kunitz. Der Himmel war entzückend
blau, die Fahrt durch die Oelbaumpflanzungen höchst
genussreich. Selbst das heilige Dorf Sidi-Bu-Said war
heute ziemlich belebt; zahlreiche Kinderschaaren tum-
melten sich auf der Strasse, Buden waren geöffnet,
ein gefallenes Pferd sammelte, wie bei uns, eine grosse
Schaar Neugieriger. Als wir zum Faro emporstiegen,

hatte uns schon der Unterwächter erspäht und sich schleunig in Uniform geworfen. Aber nur ich allein stieg mit ihm hinauf; übrigens schien ihm der halbe Franc, den ich ihm spendete, eine völlig genügende Ausbeute zu sein.

Wir sassen stundenlang im Anschauen des Meeres versunken, theils auf einer etwas vorspringenden Klippe, theils auf einem dicken Balken des alten umgestürzten Leuchtthurmes. Die Aussicht war völlig klar. Geradeaus das Meer, das in der Ferne bis zum Horizont tiefblau, in der Nähe des Ufers grün erschien. Ganz nahe dem Horizont die kleinen Inseln, welche den Golf von Carthago begrenzen. Nach recht Qamart und darüber hinaus Cap Farina. Nach links Cap Bona, und, wenn wir uns leicht rückwärts wendeten, el Bahira und Tunis.

Gerührt nahmen wir Abschied von dem Golf, da wir glaubten, ihn nicht wieder zu sehen. In Sidi-Bu-Said, stiegen wir diesmal eine hohe Treppe empor zu dem arabischen Café des Orts, wo wir allerdings stumm angestaunt, aber doch höflicher behandelt wurden, als im Restaurant des Palais royal zu Paris, und jedenfalls viel billiger. Mit einem Schwarzen, der schon ziemlich alt und gebrechlich war, knüpfte ich mittelst eines Händedrucks und der *lingua franca* eine ganz freundschaftliche Unterhaltung an.

Abends hörten wir die schon geschilderte Malteserpredigt, gingen ins Café du Cercle und schliesslich zu Herrn Dr. KUNITZ.

Dienstag, den 18. März. Morgens keine Nachricht im Hotel. Im Bureau der transatlantischen Gesellschaft nur Achselzucken.

Zum Zeitvertreib unternahmen wir einen vollständigen Spaziergang durch Tunis und seine Bazare
und fanden uns auch schon ganz gut zurecht, allerdings
wohl nicht auf dem besten oder kürzesten Wege. Da
wir allein, ohne Führer, gingen, bewährten wir uns als
Ortskundige und Eingeweihte und wurden von den
Händlern in den Buden, die uns von Ansehen gewiss
ebenso kannten, wie wir viele von ihnen, nicht mehr
wesentlich durch Anrufen belästigt.

Neues aus Tunis hätte ich dem Gesagten kaum
noch hinzuzufügen, höchstens die Beschreibung des
arabischen Stadt-Hospitals, das wir übrigens schon an
einem früheren Tage zusammen mit David in Augenschein genommen. Es existirt jetzt in Tunis eine Stadt-Verwaltung.
Natürlich wird alles von den Franzosen gemacht. Aber
getreu ihrer jetzigen Politik, die einigermassen der
indischen Englands ähnlich ist, haben sie einen Tunesen
als Stadtpräfecten eingesetzt und lassen diesen langathmige Anschläge über die Assanirung der Stadt in
arabischer und französischer Sprache an die Mauern
kleben.

Ob eine geordnete Armen- und Krankenpflege
besteht, weiss ich nicht zu melden. Jedenfalls ist aber
ein arabisches Hospital für Männer und für Frauen
eingerichtet. Die Räume für beide sind geschieden,
die Küche gemeinsam. Der Aufzug für die Speisen
hat eine besondere Vorrichtung, so dass die Frauen,
welche sie in Empfang nehmen, von den expedirenden
Männern nicht gesehen werden können. Wir selber
konnten die Erlaubniss zur Besichtigung der Frauenabtheilung nicht erlangen. Die Männerabtheilung

hingegen wurden uns sofort geöffnet, da wir uns als
Aerzte einführten. Der Chef-Arzt, ein Araber, der zu
Paris studirt hat, war nicht zugegen. Das Gebäude
war früher eine Kaserne und ist, rings um einen geräumigen Hof mit hübschem Springbrunnen in drei
Stockwerken aufgebaut, in deren luftige Säulengänge
(Loggien) die Krankenzimmer münden. Wir fanden
in ganz erträglichen eisernen Bettstellen Schwerkranke
mit Malaria, Herzfehlern, auch mit Lungenleiden; ferner
von chirurgischen Fällen einen Mann, dem wegen eines
Kameelbisses der Unterarm erfolgreich amputirt worden; mehrere Fälle von zahlreichen Hautabscessen mit
grossem Kräfteverfall; auch einen Fall von Schrot-
schussverletzung u. A. Ich sah dort auch den ehemaligen Chef der Chrumirs. Durch den Dolmetscher
wünschte ich ihm Heil und Genesung und bot ihm
eine Cigarre an. Der ergraute Wilde benahm sich
ganz gebildet. Den Kopf verbindlich neigend, die
Hände gegen die Brust gedrückt, dankte er mir, indem
er den Segen des Himmels für mich und die Meinen
erflehte. Ein schmieriger Neger, Reconvalescent, zupfte
Charpie. Die Frauen waren zum Besuch bei ihren
Männern und fingen sehr bald an, uns über die Prognose
zu befragen.

In kleinen, dunklen, scheunenartigen Räumen zu
ebener Erde (ähnlich den neapolitanischen Bassi) lagen
halbeingeschlossen die Narren, die zum Theil an religiösen Wahnvorstellungen litten.[1]

Wir besichtigten auch die Waschküche, das Schwitz-

---

[1] Andere Wahnsinnige laufen frei umher und werden als Heilige
(Derwische) verehrt.

bad und den kleinen Garten. Der Krankenwärter,
welcher uns führte, brach galant eine Blume für meine
Frau — in Afrika. Nachmittags fuhren wir wieder nach Carthago.
Nachdem wir die Aussicht von der Höhe des ehemaligen Burgberges genossen, wurde unsere Aufmerksam-
keit auf ein Menschengewühl gelenkt, das in der Ebene
zwischen Hügel und Hafen zu bemerken war. Der
Bruder Pförtner theilte uns mit, dass man dort Ausgrabungen veranstalte. Hurtig eilten wir hinab und
lernten in dem Leiter der Arbeiten einen liebenswür-
digen und unterrichteten Pariser Gelehrten kennen, der
uns sehr freundlich empfing und die gewünschten Auf-
klärungen ertheilte. Es war die französische Gesellschaft für Archäologie, welche graben liess, nachdem
sie das Terrain von dem Besitzer gepachtet; allerdings
hatte dieser, da er — wie die Muselmänner[1] immer
— Schatzgräberei vermuthete, sofort einen Process
angestrengt, der noch schwebte, aber aussichtslos
schien, zumal der nominelle Pächter kein anderer
war als — Monseigneur der Herr Erzbischof, zur Zeit
die einflussreichste Persönlichkeit in der ganzen Regentschaft.

Ein mächtiger Schacht war ausgegraben worden.
In fünf Meter Tiefe kam man aus den römischen auf
die phönicischen Reste, welche sich durch einzelne
Inschriften, aber weit mehr durch die abweichende Bauart und namentlich durch das regelmässige Vorkommen
von tiefen Cisternen kennzeichnen. Im Ganzen war

---

[1] Dieselben können sich nicht vorstellen, dass man nach alten
Steinen und Inschriften grabe.

die Ausbeute noch gering, auch die Arbeitsmittel unbedeutend und die Führung der Hacke seitens der Arbeiter etwas roh, — namentlich im Vergleich zu Pompeji, das wir wenige Wochen später wieder besuchten. Gewiss ist aber noch viel zu finden, namentlich, wenn man am Meeresufer selber nachsehen wollte, vielleicht ganze Schiffe. Am meisten würde man allerdings von carthagischen Resten finden, wenn man Tunis zerstören könnte und besonders die Moscheen! Leichen oder Leichenreste hat der französische Gelehrte nicht gefunden; nur einmal sah er auf einem Streifzug ins Innere des Landes bei der Eröffnung einer tiefen Cisterne einen Leichnam, der aber sofort in Staub zerfiel, als gegen seinen Rath ein vorwitziger Leutnant ihn anrührte, noch ehe eine Zeichnung der Situation hatte angefertigt werden können. Von Carthago fuhren wir nach Sidi-Bu-Said. Wir finden das Meer trüber als zuvor. Ein melancholischer Hirt in abgeschabtem Kaftan sitzt oben und lässt am Abhang zwei Kühe weiden, die mit Stricken an Pflöcken befestigt sind; nur wenn sie sich in den Stricken verschlingen, erhebt er sich träge, um sie anzurufen und wieder in Ordnung zu bringen. Eine Cigarette, die ich ihm anbiete, macht ihn freundlich und gesprächig. Wir vernehmen in lingua franca, dass er ein Muselmann ist, obwohl seine kleine Tochter, die umherspielt, das tätowirte Kreuz auf der Stirn trägt. Sein Knabe ist hocherfreut, als ich mit dem Bleistift eine Kuh skizzire. Er bricht uns Cactusfrüchte[1] von den

---

[1] Die rothen Früchte sind fleischig und weich, mit zahlreichen Fruchtkernen im Innern; sie schmecken ungefähr wie Johannisbeeren. Man muss sich nur vor den Stacheln ihrer Umhüllungshaut hüten.

Hecken und bringt sie zum kosten, — jedoch erst nachdem wir ihm einen Charub eingehändigt

Auf der Rückfahrt erlebten wir nahe bei Marsa eine merkwürdige Scene. Bei einer Pfütze fuhr ein beturbanter Einheimischer mit seinem zweirädrigen Karren gegen das Rad unseres Wagens und verursachte eine unbedeutende Absplitterung einiger Speichen. Augenblicklich sprang unser Kutscher, ein kleiner befezter und, wie sich zeigte, äusserst rabiater Malteser, vom Bocke herab, riss den Muselmann zu Boden, packte ihn bei der Kehle, als wollte er ihn tödten. Es wurde nicht so schlimm. Aber nunmehr begann ein unendlich eintöniges Gezänk in dem rauhen arabischen Dialect, wobei der Malteser den schäbigen Burnus des Gegners festhielt und sogar den Turban, den er ihm vom kahlen Haupt gerissen. Da ein ernster Kampf nicht ausbrach, wollten wir sie gewähren lassen, stiegen aus und gingen voran. Als es aber gar kein Ende nahm, trotzdem noch ein zweiter Mohamedaner, ein langer weissgekleideter Bahnwächter von der in der Nähe befindlichen Eisenbahn, hinzugekommen und offenbar begütigende Worte gesprochen; erklärte ich energisch, dass die Sache jetzt aufhören müsse. Der Malteser verlangte 5 Piaster und wollte durchaus den Rock seines Gegners pfänden. Ich suchte ihm auseinander zu setzen, dass dies Strassenraub sei, und dass er den Gegner zu verklagen habe. Ja, wie soll man den bekommen, rief er aus. Ich fragte, ob er lesen und schreiben könne. Die Antwort fiel verneinend aus. Nunmehr schrieb ich auf ein Blatt Papier den Namen des Karren-

---

Sehr schön sind auch die hier und da noch sichtbaren gelben tulpenähnlichen Blüthen.

führers, seines Vaters und Grossvaters (dies ist allerdings nothwendig bei der Gleichheit der mohamedanischen Namen), seinen Wohnort und den Namen des
Zeugen, der die Richtigkeit der Angaben bestätigte,
und händigte dem Kutscher den Zettel ein. Er be-
festigte nun die Splitter mit Bindfaden an den Speichen.
(So blieb übrigens der Wagen, so lange wir in Tunis
waren.)

Nach dem Abendessen hatten wir noch im Café
du Cercle ein viertes afrikanisches Concert. Ein
Italiener fiedelte, seine Gattin klimperte. Sowie sie ihre
Kupfermünzen eingesammelt, zogen sie eilfertig weiter.

Mittwoch, den 19. März. Morgens im Bureau
der transatlantischen Gesellschaft die alte Geschichte.
Vormittags durch die Bazare. Nachmittags fuhren wir
mit unserem Malteser, der auf dem Seethorplatz hielt,
nach Mohamedia. Zuerst durch die südliche Vorstadt mit ihren zahlreichen Budenreihen und Esel-
stätten; dann durch das Thor, das nach Zaguan führt,
über 1 ¹/₂ Meilen in südlicher Richtung.

Unterwegs fuhren wir durch den ausgetrockneten
Theil eines Landsees hindurch; wir kamen bei einer
Ansiedelung vorbei, wo ein hoher Fabrikschornstein
zwar nicht rauchte aber doch als erster in Tunis uns
imponirte;[1] wahrscheinlich gehört er zu einer Dampf-
Oelpresse.

Auf dem ganzen Weg von der Hauptstadt bis
nach Mohamedia trafen wir nur zwei Menschen. Wie öde
ist jetzt dieser im Alterthum so dichtbevölkerte Theil

---

[1] Auch in Rom von der Höhe der Kuppel zu St. Peter sah ich
keinen einzigen Fabrikschornstein, ausser dem der päpstlichen Mosaik-
werkstatt; die meisten und grössten vom Kirchhof zu Glasgow.

von Afrika!¹ Mohamedia war die Residenz, die vor
etwa 40 Jahren der berühmte ACHMET-BEY, der erste
mohamedanische Fürst, der nach Europa gekommen,
sich bauen liess, nach HESSE-WARTEGG für 10 Millionen
Francs, nach den mündlichen Aeusserungen anderer
für mehr als 100 Millionen. Auch die erste Ziffer
entspricht schon nahezu dem jährlichen Einnahmebudget
der Regentschaft! Seit ACHMET's Tode, d. h. seit
30 Jahren, steht der Palast leer, da der neue Bey niemals das Haus bezieht, in welchem der frühere ge-
storben ist. Wir fanden Ruinen wie aus dem grauen
Alterthum; in den Sälen und Hallen war Getreide ge-
sät, in einzelnen grasten Kälber, denen man nach
Landessitte die Vorderfüsse an einander gefesselt hatte.

Der Gebäudecomplex ist nach Art des Bardo
angelegt, mit Umfassungsmauern, Kasernen, Höfen,
Hallen, verschiedenen Häusern; beträchtlich grösser
als das Schloss von Versailles, bot es Raum für Tausende. Kein Dach, keine Treppe ist mehr erhalten;
die Fliesenauskleidung bis ins höchste Stockwerk hinauf
aus den Wänden herausgebrochen, an denen nur noch
die öden Rautenlinien sichtbar geblieben: ein mehr
als vandalisches Zerstörungswerk, dessen Trümmer noch
in hoher Schicht den Boden decken. Denn das Aus-
brechen der Fliesen liess sich ohne reichliches Zer-
brechen derselben nicht bewerkstelligen. Statt den
alten Palast zu verschliessen und allenfalls einen Wächter
anzustellen, raubte man ihn aus, um kärgliches Bau-
material für einen neuen zu gewinnen. Die Bausteine,

¹ Kaum 2 Millionen wohnen, wo zur Römerzeit 20 Millionen
gezählt wurden.

die auszubrechen zu mühselig und fortzuschaffen zu
kostspielig schien, liess man an Ort und Stelle; auch
die charakteristischen Eisengitter der Haremsfenster
ragen noch vom dritten Stockwerk aus, das nach Ein-
sturz der Treppen und Balkenlagen ganz unzugänglich
geworden, recht melancholisch in die Lüfte.
Der grosse Garten steht verödet. Ein schönes
Sommerhaus im italienischen Stil, ehemals mit Marmor
getäfelt, dahinter ein Fischteich, der ganz mit Fliesen
ausgelegt war und von einer aussichtsreichen Veranda
überragt wurde, — alles liegt in Trümmern.

Ein paar Araberfamilien hausen in den öden
Ruinen; einen kleinen hängenden Garten hoch oben
auf einer Mauer haben sie erhalten und neu bepflanzt.
Maltzahn hat noch auf seiner ersten Reise (1854) in
Mohamedia ein Frühstück genommen; auf seiner zweiten Reise (1869) fand er das Schloss in Trümmern,
was ihn so aufbrachte, dass er kein Wort an die
Schilderung verschwendete. Dicht hinter Mohamedia
beginnen die wohlerhaltenen Bögen der 1750 Jahre
alten Wasserleitung, welche Römer gebaut haben!

Abends kam erst der Dragoman, um Erkundigung
über unsere Abfahrtsaussichten einzuziehen; dann der
Generalconsul selber, um uns sein Bedauern auszu-
drücken. Wir stellten fest, dass der Director der transatlantischen Gesellschaft uns lediglich hinhalte; er
wisse, dass das Schiff nicht komme und warum es
nicht komme.

Ein Sturm habe überhaupt nicht gewüthet. Viel-
mehr habe das Schiff im Interesse der französischen
Regierung den Curs geändert, vielleicht um Truppen
gegen die tripolitanische Grenze vorzuschieben. An

sich kann man dies der subventionirten Gesellschaft ja durchaus nicht verargen; auch verdient sie mehr an den Truppentransporten, als an der Beförderung von 4—6 Privatpassagieren. Aber Aufrichtigkeit wäre besser am Platz gewesen.

Donnerstag, den 20. März. Nach den üblichen und vergeblichen Abreisedebatten machen wir den gewohnheitsgemässen Gang durch die Bazare nach der einzigen Oase in Tunis, dem Square des Dar-el-Bey. Nachmittags war wiederum eine Fahrt nach Carthago in Aussicht genommen. Als wir gerade in den Wagen steigen wollten, stellte sich uns ein preussischer Officier, Hr. v. S., vor und bat — da er eben im Hotel angekommen und völlig fremd sei, sein Reisegefährte, Hr. Architect S., noch seekrank zu Bett liege, — mit uns fahren zu dürfen. Natürlich waren wir gern einverstanden. Uebrigens war es höchst amüsant, wie noch nicht fünf Minuten vergingen, ohne dass wir über gemeinschaftliche Bekannte plaudern konnten.

Das Wetter war unfreundlich, bei der Capelle des heiligen Ludwig wurde es so stürmisch, dass uns nichts anderes übrig blieb, als in geschlossener Droschke heimzukehren.

Abends gingen wir in das Café und schliesslich noch zu Herrn Dr. Kunitz, wohin wir die beiden Landsleute mitnahmen. Der Baumeister hatte übrigens schon ein kleines Abenteuer bestanden. Als er Nachmittags erholt aufgestanden und allein, des Landes unkundig, spazieren ging, fesselte der Styl eines grossen Gebäudes seinen architectonischen Blick; er wollte eintreten, wurde aber durch höchst energisches Schreien und Gesticuliren der Einheimischen daran verhindert:

natürlich war es eine Moschee gewesen. Es wird wohl
noch einige Zeit vergehen, ehe den Europäern in Tunis die
Moscheen offen stehen; aber so direct lebensgefährlich
ist der Versuch des Eintritts nicht mehr; der Fanatis-
mus der Muselmänner besteht fort, scheint aber doch
erheblich abgeschwächt zu sein.

Freitag, den 21. März. Nachdem gestern der
italienische Dampfer pünktlich angekommen, vom französischen noch keine Nachricht angelangt war und der
französische Director selber nunmehr uns die Benutzung
des erstgenannten Schiffes anempfohlen hatte, kauften
wir Billets bei der Gesellschaft Florio-Rubattino. [1]

Hierauf gingen wir, um den Vormittag zu vertreiben, noch zum letzten Male durch die Bazare und
in den Palast des Bey, indem wir unsern beiden
Landsleuten den Führer ersparten.

Nach dem Frühstück kam die Abfahrt aus dem
Hotel. Die beiden Directoren, die von uns über
450 Francs eingenommen, waren nicht einmal zur
Stelle. Ein elenderes Benehmen ist kaum denkbar.
Concurrenz thut hier wahrlich noth.

Auf der Eisenbahnfahrt nach Goletta hatten wir
Regen. Trotzdem präsentirte sich CHAIREDDIN's Garten
sehr schön, ein wirklicher Palmenhain. Am Meeres-
strande hat der Regen aufgehört; das Meer ist zwei-
farbig, vorn hellgrün, hinten dunkelblaugrün. Die
Schiffer rathen zur sofortigen Abfahrt an Bord, da das
Wetter zweifelhaft, und unterbieten einander. Ein
grosser, hübscher Neger gewinnt uns für den Preis

---

[1] Drei Plätze erster Cajüte nach Marsála à 44 Frcs. und zwar ausdrücklich zwei Plätze in einer Cajüte zu zwei Personen. Ich
halte es für meine Pflicht, das Gebahren dieser Gesellschaft zu kennzeichnen.

von vier Francs einschliesslich der Kofferbeförderung. Uebrigens nimmt er, was nicht verabredet war, noch die beiden russischen Maler mit, kommt also mit seinen Kumpanen ganz gut auf die Kosten. Schliesslich ist er mit 4 $^{1}/_{2}$ Francs kaum zufrieden und refüsirt, was wir in Tunis noch nicht erlebt hatten, in flüssigem Italienisch hellenische und päpstliche Münzen *(Hellenico e papale)*. Das Schiff Ancona von der Gesellschaft Florio-Rubattino ist, mit Moïse verglichen, nur ein Knirps; übrigens ragt es sehr hoch aus dem Wasser empor. Wie wir uns später zusammen mit den anderen Passagieren überzeugten, hatte es weder Ladung noch Ballast, was ernste Rüge verdiente. Kaum an Bord, hatte ich den ersten Streit mit den Italienern. Obwohl ausser uns nur noch zwei Parteien erster Cajüte und überflüssig Platz vorhanden, wollte der zweite Officier mir nicht die bedungene Cajüte für mich und meine Frau bewilligen, da es nicht schriftlich auf dem Fahrschein bemerkt sei. Ich wurde einigermassen grob, und liess mich auch durch das übliche: *Intendo, non sono sordo*, das man in Italien bei ähnlicher Gelegenheit hört, nicht abschrecken, bis man mir den Willen that. Zu spät merkte ich, dass man es dabei nur auf ein Extratrinkgeld abgesehen hatte.

Die Gesellschaft an Bord war die folgende: Der Capitain, ein hübscher Mensch, mit schwarzem Vollbart und gefälligen Manieren, aber leider etwas unentschlossen, noch neu auf dem Schiff und durch das Regulativ Florio-Rubattino, das ihn mit seinem Vermögen für jede Havarie verantwortlich macht, ungefähr ebenso gehemmt, wie wenn ein General eine jede etwa im Kampf verlorene Kanone aus seinen Mitteln wieder

zu ersetzen hätte; leider auch durch Muthlosigkeit und
Geschrei der Zwischendeckpassagiere mehr als nöthig
beeinflusst. Bei Tisch war er ein sehr angenehmer
Gesellschafter. Komisch wirkte, wie häufig er am
Tage seinen Staatsanzug — Tuchmütze mit goldenem
Streif und blaue goldknöpfige Tuchjacke — mit dem
Arbeitscostüm wechselte, das aus Seehundsfellmütze,
gestrickter Weste und dicker Lodenjoppe bestand. Das
Missgeschick, welches uns so lange an Bord zurück-
hielt, war ihm offenbar peinlich; aber er that nichts
(konnte vielleicht auch nichts thun), um es abzukürzen.
Musikalisch gebildet, war er hoch erfreut, als mein
Frauchen eines Vormittags, um —. sich selber Muth
zu machen und sich ein wenig zu zerstreuen, einige
canti popolari sang. Als wir das Schiff verliessen,
fehlte uns nicht ein freundlicher Händedruck des Herrn
Capitains und das Wechseln verbindlicher Worte.

Der zweite Officier war ein eigenartiger Geschäftsmann. Er hatte die Verpflegung in Pacht. Obwohl
con vitto auf unserem Billet stand, und wir nach dem
Regulativ schon Mittags an Bord sein mussten, gab es doch
kein Mittagessen. Allerdings liessen sich Einige, darunter
ich selber, ein solches auftragen, aber natürlich auf unsere
Kosten. Die schliesslich von dem Herrn Officier uns
überreichten Rechnungen waren einfach lächerlich. Man
zahlte die Hälfte: er gab sich zufrieden, offenbar weil
dies noch zu viel war. Das Essen fand ich mittelmässig; einige Gerichte, die täglich wiederkehrten, wie
Thunfisch und Oliven, mied ich vollständig; Suppe und
Fleisch waren besser. Brod wurde täglich frisch vom
Lande gebracht, — so lange wir eben vor Anker
lagen; eine Bäckerei gab es nicht an Bord.

Von den beiden Steuermännern war der eine alt,
erfahren und schweigsam, offenbar ein tüchtiger Mensch,
der Andere jung und prahlerisch; nachdem wir schon
die Farce der Rückkehr nach la Goletta durch-
gemacht, hatte er die Stirn mich zu fragen: „Wissen
Sie denn nicht, dass Christoph Columbus ein Italiener
gewesen? Wie er, sind wir Italiener alle sehr tüchtige
Seeleute." — „Ich weiss es," sagte ich, „und habe in
seiner Vaterstadt Genua sein Denkmal gesehen; aber
Sie sind doch gewiss nicht aus Genua?" — „Nein",
erwiderte er einigermassen verblüfft, „ich bin ein
Sicilianer."

Die Mannschaft war wenig zahlreich und schlecht
gekleidet; das Schiff noch ziemlich neu, in Glasgow
gebaut, nicht sonderlich sauber gehalten. Auch das
Manöver, um ein Boot in See zu lassen, ziemlich lang-
wierig und ungeschickt.

Von den Passagieren erster Cajüte nenne ich zuerst
zwei bejahrte Franzosen, die zusammen eine Reise durch
Nord-Westafrika gemacht. Der ältere von Beiden war
ein kleiner corpulenter Herr mit weissem Backenbart,
sonst gut rasirt, mit spärlichem weissem Haar; gelegentlich trug er ein Pince-nez und zeigte stets eine distin-
guirte Haltung. Ich glaubte zu vernehmen, dass er
früher General oder höherer Beamter gewesen. Er
wurde von seinem Begleiter sehr verehrt, war im
Ganzen recht schweigsam und wechselte mit uns nur
wenige, immer sehr höflich kühle Worte. Der zweite
Franzose war ein reich gewordener Geschäftsmann,
glücklicher Schwiegerpapa, mit noch schwärzlichem
Backenbart, schmalem Gesicht und klugen Augen;
lebhaft und witzig, und, da uns gemeinsames Miss-

geschick an Bord der Ancona zusammenbrachte, schliesslich auch ganz aufgeknöpft und unterhaltsam. Wir hatten am zweiten und dritten Tage mit ihm stundenlange Unterhaltungen, so über die französische Literatur, namentlich auch über VICTOR HUGO, wobei er viele Kenntnisse und gutes Urtheil entwickelte, und über sociale Fragen, wobei er in vielen Punkten mit uns einig war. So wenig wir auch das Gebiet der eigentlichen Politik streiften, so war doch ersichtlich, dass er vor Preussens Stellung und Verwaltung grossen Respect an den Tag legte. Er schien mir Abgeordneter oder wenigstens Generalrath zu sein. Es war eigentlich thöricht von beiden Parteien, dass wir in Sicilien, Unteritalien und Rom, so oft wir noch zusammentrafen, uns auf den Gruss und ein eiliges „Wie geht es Ihnen?" beschränkten. Aber leider wird der Kosmopolitismus des vergangenen Jahrhunderts mehr und mehr zur Mythe. Die Entfesselung der nationalen Leidenschaften ist vielleicht das Schlimmste was EPIMETHEUS-NAPOLEON aus seiner Pandorabüchse uns hinterlassen hat.

Endlich habe ich noch eine **englische Familie** zu erwähnen. Dieselbe hatte erst Algier besucht und war dann in Tunis längere Zeit zurückgehalten: bei der Landung in Goletta und dem in Thätlichkeiten ausartenden Streit der Bootsmänner war die Frau zu Boden gefallen und hatte sich den Fuss verstaucht. Ihr Gatte war eine Hünengestalt mit langem röthlichem Bart, aber trotzdem ein schmiegsames Rohr in der Hand der weiblichen Mitglieder der Familie. Er hatte grosse Reisen gemacht, war schon vor 25 Jahren in Westindien gewesen, aber doch nicht amüsant geworden, — es sei denn durch den vielfachen Unsinn, den er nach Art der Autodidakten mit grösster Bestimmtheit als unzweifelhafte Wahrheit vorbrachte. Namentlich liebte er die Etymologie, aber diese — nicht ihn. Er behauptete, dass Neapel von apple herkomme und damit die Orangen gemeint wären; er leitete den Knoten der Seeleute von nautic ab. E. verachtete ihn darob völlig. Von seiner Frau und Tochter will ich aus Höflichkeit nichts weiter melden. Der alte Unterschied zwischen english people at home and english people abroad wurde mir auf's Neue nahe gerückt. Wer die Engländer in ihrem Lande so höflich und liebenswürdig gefunden, dass er stets eine angenehme Erinnerung von ihnen bewahrt, wird um so mehr enttäuscht, wenn er auf Reisen dünkelhafte Selbstsucht von Engländern zu bekämpfen hat, bis er schliesslich die Versöhnung findet in der Idee, dass es doch ganz andere Engländer sein müssen, die er drüben schätzen gelernt, und die ihm jetzt entgegentreten.

Von den Passagieren zweiter, sowie auch dritter Cajüte entschwanden mehrere am zweiten Tage unseres Schiffaufenthalts wieder nach la Goletta; so die russischen Maler. Sehr liebenswürdig waren zwei junge Sicilianer, die einen kleinen Ausflug nach Tunis gemacht, namentlich der Eine, der mir unaufhörlich Feuer und sogar Cigaretten anbot. Demselben wurden auf der Dogana zu Trapani — zwei tunesische Taschentücher aus seinem Koffer gestohlen, wie er mir später auf der Strasse wüthend mittheilte.

Von den Zwischendeckspassagieren, italienischen Arbeitern, die in Tunis keine Beschäftigung mehr fanden, und nun, zum Theil mit Weib und Kind, nach Sicilien zurückkehrten (für den Kopf 7 Franken bezahlend), hatten wir am ersten Tage keine Notiz genommen. In der Nacht während des Sturmes dürfte auf dem Zwischendeck eine derartige Heul-Scene sich abgespielt haben, wie GOETHE sie bei Neapel erlebte. Doch habe ich davon nichts gesehen und auch nur wenig gehört. In der unfreiwilligen Musse, die uns später vor la Goletta beschieden war, bin ich dann einige Mal in die Unterwelt des Zwischendecks hinabgestiegen und fand, wenn auch nicht gerade Heulen und Zähneklappern, so doch eine Scene, die jeder Beschreibung spottet. In einem niedrigen, übelriechenden, durch reichliches Erbrechen besudelten Raume hockten oder lagen einige Dutzend zerzauste Menschen, Männer, Frauen und kleine Kinder. Die meisten stierten unthätig vor sich hin, einige kauten an einem Stück Brod oder tranken einen Schluck. Fast keiner hatte den moralischen Muth sich aufzuraffen, an die frische Luft des Decks zu gehen und das Unvermeidliche mit Würde zu ertragen.

Die erste Nacht an Bord der Ancona gehört zu den merkwürdigsten meines Lebens. Wie in dem Märchen Einer auszog, um das Gruseln zu lernen, so hatte ich im kecken Uebermuth den Wunsch geäussert, doch einmal die Seekrankheit kennen zu lernen, der ich bisher noch immer glücklich entgangen war, auf der Nordsee, im Atlantischen Ocean, auf dem Mittelmeer. Und ich lernte sie kennen. Allerdings war ich thöricht genug gewesen, das schlechte Diner zu mir zu nehmen; noch thörichter in der engen, stickigen Cajüte zu bleiben. Das unbeladene Schiff schaukelte fürchterlich im Sturme; draussen war ein Höllenlärm, als ob wir scheitern sollten. Natürlich war von den vorschriftsmässigen Schwimmgürteln hier in der Cajüte nichts zu sehen. Wir blieben so weit angekleidet, um im gegebenen Moment bereit zu sein. Da musste auch ich dem Neptun das lange schuldige Opfer spenden. Nachdem ich aufgestanden und einen Cognac getrunken, ward mir wieder wohl. Morgens 3 Uhr weckte mich E. Ich stand wieder auf, wir gingen auf das Verdeck, wir sahen — das uns wohlbekannte Signallicht des Faro von Sidi-Bu-Said! Wir waren wieder in la Goletta! Der Capitain hatte gewendet, sowie er den Ausgang des Golfes von Carthago erreicht: ein schöner Stoff zu einer Comödie, wenn wir nur nicht unfreiwillig die Rollen darin spielen mussten!

Sonnabend, den 22. März. Das Schiff lag am Anker vor la Goletta. Jetzt lernten wir die Annehmlichkeit einer Quarantäne an Bord kennen. Die Fahrt ans Land unterliess ich aus Unbequemlichkeit und aus Scham. In la Goletta giebt es kein brauchbares Hotel, nach Tunis mochte ich nicht zurückkehren, Rede stehen und die höhnischen Hotelbedienten noch einmal wiedersehen. Ausserdem konnte man von Tunis nicht rechtzeitig zurückkehren, wenn das Schiff doch abgehen wollte. Endlich war das Uebersetzen nach la Goletta in den Nussschalen der Seeräuber doch weit bedenklicher als die Fahrt nach Sicilien auf der Ancona. Uebrigens stellten die Tunesen auch bald den Bootsdienst ein: Nachmittags, sowie den folgenden Tag kam überhaupt kein Boot mehr an unser Schiff.

Der Capitain bot uns wenig Trost: „Fa cattivo", war das einzige, was wir aus ihm herausbrachten.

Die Zeit verstrich unendlich langsam. Man war zu nichts aufgelegt, nicht einmal zum Lesen. Man verzehrte mechanisch die drei Mahlzeiten, besah die dunkelgrauen Wetterwolken, die über Afrika hingen, und die wenigen Schiffe, die im Hafen lagen, von denen eines, eine französische Fregatte, uns durch seine Manöver einige Zerstreuung gewährte, namentlich auch durch die prompten Salven, mit denen am folgenden Tage ein nach der Heimath zurückkehrender französischer General begrüsst wurde. Ich rauchte, plauderte, ging treppauf, treppab, schiffauf, schiffab, bis der Regen auch das hinderte, und murmelte endlich den Spruch des Regulus umkehrend: Africa nos tenet.

Die Nacht war gut. Der folgende Tag war dem vergangenen ähnlich. Endlich am dritten, Montag, den 24. März, wird das Zeichen zur Abfahrt in aller Frühe gegeben. Der Capitain blieb immer noch schweigsam; vielleicht wollte er auch für dieses Mal nicht die Rückfahrt in den sicheren Golf verschwören. Aber wie wir die Insel Djamur hinter uns hatten und das offene blaue Meer erreichten, kam das herrlichste Wetter; günstiger Wind schwellte unsere Segel, die zur Unterstützung der Dampfmaschine aufgehisst wurden. Schon belebte sich das Meer mit Dampfern; schon glaubten wir nordwärts direct auf Sicilien loszusteuern: da wurde uns beim Blick auf die Sonne klar, dass der schweigsame Capitain, entgegen seinem ursprünglichen Versprechen, doch ostwärts den Kiel nach Pantelleria gewendet! Nun, seine Linie ist subventionirt, er führt die italienische Post; er konnte wohl nicht gut anders handeln. Aber dann brauchte er es uns nicht zu ver-

sprechen! Die Insel lag schön mit Wein bepflanzt vor
uns, mit alten zerfallenen Thürmen, sonderbaren Wind-
mühlen und zahllosen kleinen, über die Weinberge zer-
streuten Häusern; hoch oben die Verbrechercolonie.
Mit letzterer sollten wir noch in genauere Berührung
kommen. Mehrere Boote kamen an Bord. Eins mit
einem Officier, zwei Soldaten und einigen Civilisten.
Als ich nachher genauer zusah, fand ich, dass sie ge-
schlossene Gesellschaft dicht vor unserer Cajüten-
thür abgeladen hatten, unter anderen einen hübschen
jungen Menschen, gewiss einen Mörder, dessen beide
Hände durch feste Handschellen aus Eisendraht aneinander gefesselt waren!

Abends 10 Uhr waren wir vor Marsala und liessen
vergeblich Raketen steigen. Kein Boot kam uns zu
holen. Die Rechnung war bezahlt, wir mussten aber
weiter nach Trapani, wo wir vor Mitternacht Anker
warfen. Morgens um 6 Uhr holte uns ein Boot nach
dem kleinen Molo, wo eine Schaar gieriger Gepäck-
träger auf uns, wie Geier auf die Beute, warteten.
Aber wir hatten Afrika hinter uns und festen Boden
unter unseren Füssen. Alle Mühsal war vergessen und
neue Freuden winkten uns in Siciliens wonnigen Ge-
filden.